ys quæ Diuino magistro didicerat N.Zamb:ad Greg. XV.
Mic: knobbart exc:

LES EXERCICES SPIRITVELS DE S. IGNACE DE LOYOLA,

Fondateur de la Compagnie de Iesus.

Traduits du Latin en François, par un Pere de la mesme Compagnie.

À ANVERS,
Chez MICHEL CNOBBAERT, à l'enseigne de S. Pierre. 1673.
Avec Permission des Superieurs.

APPROB: PONT: EXERCIT: SIGN: pag. I

BVLLE
D'APPROBATION
DES
EXERCICES SPIRITVELS
DE S. IGNACE DE LOYOLA,
donnée par Paul III.

PAVL PAPE III.
Pour une perpetuelle memoire.

LE soin du devoir Paſtoral qui nous eſt commis ſur tout le Trouppeau de Iesus-Christ, & l'amour de la gloire de Dieu & de ſa Loüange, fait qu'en embraſſant ce qui ſert au ſalut & au profit Spirituel des ames, nous recevons favorablement les requeſtes de ceux qui nous demandent quelque choſe propre à entretenir & à nourrir la pieté dans les fidelles de Iesus-Christ. C'eſt pourquoy (ſelon que notre bien aimé fils, noble homme

A 4 Fran-

François de Borgia, Duc de Gandie, nous a fait expofer depuis peu) notre bien aimé fils Ignace de Loyola, General de la Compagnie de Iesus, établie par nous dans notre ville de Rome, & confirmée par notre autorité Apoftolique, ayant compofé quelques enfeignemens ou Exercices fpirituels tirés des faintes Efcritures & des experiences de la vie fpirituelle, & les ayant mis dans un ordre trespropre à émouvoir l'efprit des fidelles à la pieté : lefquels enfeignemens & Exercices Spirituels, ledit François de Borgia Duc de Gandie, n'ayant pas feulement appris par le recit qu'on luy en a fait de plufieurs endroits, mais auffi reconnu par une experience manifefte, tant à Barcelone, qu'à Valence, & à Gandie, eftre grandement utiles & falutaires pour la confolation & pour l'avancement Spirituel des fidelles, il nous a fait pour cette caufe fuplier humblement que nous les fiffions éxaminer, & fi nous les trouvions dignes d'approbation & de loüange, que nous daignaffions par notre benignité Apoftolique, les aprouver, les loüer, & pourvoir à ce que deffus en toute autre maniere

D'APPROBATION.

niere convenable, afin d'étendre leur fruit plus loin, & de faire qu'un plus grand nombre de fidelles soient invitez à s'en servir avec plus de devotion. Nous donc, qui avons fait examiner lesdits enseignemens & Exercices, & qui les avons trouvez par le tesmoignage & le rapport de notre bien-aymé fils Iean Cardinal Prestre du titre de Saint Clement, Evesque de Burges, Inquisiteur des heresies ; de notre venerable frere Philippe Evesque de Saluce, notre Vicaire General pour le spirituel dans notre-dite Ville : & de notre bien-aymé fils Gilles Foscararius, Maistre de notre sacré Palais; remplis de pieté & de sainteté, & qu'ils seront fort utiles & salutaires à l'édification, & au profit Spirituel des fidelles. Aiant aussi égard, non sans raison, aux grands fruits qu'Ignace & la susdite Compagnie instituée par luy, ne cessent de produire par tout le monde dans l'Eglise de Dieu ; & au tres-grand aide que lesdits Exercices y ont apporté : Nous rendant ausdites suplications, approuvons de notre dite autorité, & certaine science, par la teneur des presentes; loüons, & affermissons par le se-

cours du present écrit, lesdits Enseignemens &
Exercices, avec toutes & chacune des choses
qui y sont contenuës : exhortant instamment
au nom de Dieu, tous les fidelles Chrétiens de
l'un & de l'autre sexe, en quelque lieu qu'il
soient, d'user & de s'instruire devotement par
des Enseignemens & des Exercices aussi pleins
de pieté que sont ceux-là. Nous permettons
d'abondant, que lesdits enseignemens ou Exercices Spirituels, puissent estre imprimez librement & sans autre permission, par tel Li
braire que le dit Ignace voudra choisir : en sorte
neantmoins qu'apres la premiere edition, ils ne
puissent estre imprimez sans le consentement
du mesme Ignace, ou de ses successeurs, ny par
celuy qui aura esté premierement choisi, ny par
aucun autre, sous peine d'excommunication,
& de cinq cens ducats applicables à des œuvres
pies. Si mandons à tous & un chacun les Or-
dinaires des lieux, & personnes ayant dignité
Ecclesiastique, Chanoines des Eglises Cathe-
dralles, & Metropolitaines, leurs Vicaires ge-
neraux au Spirituel, & Officiaux, en quelque
lieu qu'ils soient ; Qu'eux mesmes ou l'un, ou
plusieurs

D'APPROBATION.

plusieurs d'entr'eux ; par eux, par autre, ou autres, ils donnent, sous notre autorité, le secours d'une deffence efficace en ce qui regarde lesdits Exercices Spirituels, à un chacun des sujets de la dite Compagnie, ou autres à qui il appartiendra ; & qu'ils les fassent joüir paisiblement de notre-dit Octroy, sans permettre qu'ils soient molestez par qui que ce soit, ny en quelque façon que ce soit, contre la teneur des presentes : Reprimant par censures & peines Ecclesiastiques, & autres remedes de droit convenables, jusqu'à implorer pour cela, s'il est besoin, le secours du bras seculier. Nonobstant la constitution de Boniface VIII. notre Predecesseur d'heureuse memoire, laquelle commence, *De una* : Ny celle du Concile General, *De duabus diætis*, (pourveu qu'aucun ne soit tiré au delà de trois journées en vertu des presentes) ny quelques constitutions & Ordonnances Apostoliques quelles quelles puissent estre, & autres choses quelconques qui soient contraires : ny mesme quelque Indult que ce soit qui auroit été accordé à quelques-uns par le S. Siege, qu'ils ne pussent ensemble ou separement, estre interdits,

BVLLE D'APPROBATION.

interdits, suspens, ou excommuniez par aucunes lettres Apostoliques qui ne feroient point mention pleine, expresse, & de mot à mot, de leur dit Indult. Nous voulons aussi que la mesme foy soit adjoutée, & que l'on s'arreste en jugement, & en toute autre occasion, aux coppies des presentes signées de la main d'un Notaire public, & seellées du Sceau de quelque Prelat, ou personne ayant dignité Ecclesiastique, de mesme que si l'on representoit, & l'on montroit l'original des Lettres. Donné à Rome à S. Marc, sous l'anneau du Pescheur, le dernier jour de Iuillet, en l'année mil cinq cens quarantehuit. De notre Pontificat le quatorziéme.

BLO. EL. FVLGINEN.

Advis sur les Approbations suivantes.

COmme l'on a presenté aux Reviseurs ou Censeurs du Pape, nommez dans sa Bulle, deux sortes de traductions Latines des Exercices de S. Ignace, de la langue Espagnole, en laquelle il les a composez ; l'une qui les rendoit presque mot pour mot, l'autre qui se contentoit d'en exprimer le sens, mais avec tant de fidelité qu'on a jugé cette seconde version preferable à la premiere, & que c'est celle qu'on a suivie dans les impressions de ces Exercices, qui se sont faites tant à Rome, qu'en plusieurs autres lieux: ces Messieurs y ont donné aussi deux sortes d'Approbations, sans avoir rien osté, ny changé ou adjouté à ces versions, quoy qu'on les eust abandonnées toutes deux à leur pleine & entiere disposition. Et voicy leurs censures dont l'Original est gardé à Rome dans les Archives de la Compagnie de Iesus, avec l'Original de la Bulle du Pape, & des Exercices Espagnols de S. Ignace.

Pour la premiere Version.

NOus avons leu tout ce qui est contenu dans ce volume. Il nous a fort aggrée, & il nous a semblé grandement utile au salut des ames.

Le Cardinal de Burges.

Nous

Advis sur les Approbations.

Nous permettons que l'on imprime cét Ouvrage, qui est digne de toute loüange, & tres-profitable à la profession Chrétienne.

PHILIPPES VICAIRE.

Des Exercices aussi saints que ceux-cy, ne manqueront pas d'apporter une tres-grande utilité à quiconque s'y affectionnera. C'est pourquoy il faut les recevoir à bras ouverts.

F. GILLES FOSCARARIUS,
Maistre du Sacré Palais.

Pour la seconde Version.

Nous avons leu ces Exercices Spirituels, ils nous plaisent grandement, & nous les avons jugez dignes d'estre receus, & beaucoup prisez par tous ceux qui professent la Foy Orthodoxe.

LE CARDINAL DE BURGES.

Nous permettons que cét Ouvrage digne de toute loüange, & fort profitable à la profession Chrétienne, soit imprimé.

PHILIPPES VICAIRE.

La

LA Religion Chrétienne ne pouvant subsister long-temps sans quelques Meditations, & Exercices Spirituels *(car mon ame, dit le Prophete Royal, s'enflamme dans la Meditation)* je n'estime pas qu'il y en ait de plus convenables pour cette fin que ceux-cy, qui sans doute ont pris leur naissance dans l'étude des Escritures, & dans un long usage des choses.

F. GILLES FOSCARARIUS,
Maistre du Sacré Palais.

Indulgentiæ Concessæ Ab Alexandro VII. P.M.

ALEXANDRE PAPE VII.
de ce nom à la memoire perpetuelle.

Comme ainsi soit que nôtre aimé fils Gossuin Nickel General de la Compagnie de IESUS nous a fait exposer, que les Personnes de la mesme Compagnie tous les ans, & mesme aussi aucune-fois plusieurs tant Ecclesiastiques & d'autres Ordres & Congregations Regulieres, que laïques ont coustume de vacquer l'espace de huict jours aux Exercices Spirituels instituez par S. Ignace Fondateur de la ditte Compagnie dans les maisons de la mesme Compagnie. Nous qui sçavons assez, combien semblables Exercices servent, pour diriger dans la voye du Seigneur, & en icelle confirmer les Esprits des Fidelles Chrestiens voulans augmenter la devotion de ceux, qui auront vacqué à une œuvre si pieuse, & salutaire, par largesse des thresors celestes de l'Eglise, appuiez sur la misericorde de Dieu toutpuissant, & sur l'authorité des bienheureux Pierre, & Paul ses Apôtres, accordons misericordieusement en Nôtre Seigneur indulgence plenière & remission, de tous pechez à tous & chacuns fidelles Chrestiens tant de la susditte Compagnie, & Reguliers de tout autre Ordre & Con-
B gregation,

Bulle d'Approbation.

gregation, qu'à tous autres Ecclesiastiques, & làiques, qui dans les maisons de la mentionnée Compagnie auront fait l'espace de huict jours les susdits Exercices selon la louable coustume de la mesme Compagnie en quelque temps que ce soit, & cependant estant veritablement pénitens aprés s'avoir confessé auront receu le saint Sacrement de l'Eucharistie, & cela pour toutes les fois qu'ils les feront, ces presentes estants bonnes à perpetuité, Nous voulons pareillement, que si pour l'impetration, presentation, admission, ou publication des presentes, on donne quoy que soit, ou estant presenté volontairement on le reçoive, ces presentes soient à mesmes nulles, & qu'aux transumpts ou extraicts des presentes, escrits de la main d'un Notaire public, ou soubscrits par le Secretaire de la ditte Compagnie, & scellées du sceau de quelque Personne constituée en dignité Ecclesiastique ou du R. P. General de la susditte Compagnie, la mesme foy entierement soit adjoustée, que l'on donneroit à ces presentes exhibées, ou monstrées. Donné dans le Chateau de Gandulphe Diocese d'Albe soubs l'anneau du Pescheur le douziesme jour d'Octobre 1657. l'an troisiesme de nôtre Pontificat.

Signé

G. GUALTERIUS.

ORAISON

Ecce Homo *Joan. 19.*

ORAISON.

A la tres-sainte humanité de nostre Seigneur IESUS-CHRIST, *de laquelle Saint Ignace se sert par fois dans les Colloques de ses Meditations.*

ANima Christi sanctifica me :
Corpus Christi salva me :
Sanguis Christi inebria me :
Aqua lateris Christi lava me :
Passio Christi conforta me :
O bone IESU exaudi me :
Intra tua vulnera absconde me :
Ne permittas me separari à te :
Ab hoste maligno defende me :
In hora mortis meæ voca me :
Et jube me venire ad te :
Vt cum Sanctis tuis laudem te,
In sæcula sæculorum. Amen.

LA MESME ORAISON EN FRANCOIS.

AMe de IESUS-CHRIST *sanctifiez moy* :
Corps IESUS-CHRIST *sauvez moy* :
Sang de IESUS-CHRIST *enyvrez moy* :
Eau du côté de IESUS-CHRIST *lavez moy* :
Passion de IESUS-CHRIST *confortez moy* :
O bon IESUS *exaucez moy* :
Cachez moy dans vos playes :
Ne permettez pas que je sois separé de vous :
Defendez moy contre l'ennemy maling :
Apellez moy à l'heure de ma mort :
Et me commandez de venir à vous :
Afin que je vous loüe avec vos Saints,
Par tous les siecles. Ainsi soit il.

B 2   BRIEVE

Docente magistra Religionis.   Rupi Abb.

BRIEVE INSTVCTION
Pour Mediter deüement
Tirée de plusieurs endroits des Exercices de S. Ignace.

LA meditation a quatre parties : oraison preparatoire, Preludes, Points, Colloques.

1. L'oraison preparatoire par laquelle nous demandons a Dieu, la grace, d'employer sincerement, durant l'oraison, toutes nos puissances pour sa gloire ; & que toutes les actions, que nous ferons, soient a son honneur. Et cette oraison preparatoire se fera tousjours, a l'ordinaire, en toute meditation.

2. Les Preludes par fois ne sont que deux ; par fois trois : Es meditations de quelque histoire, ou mystere de la vie de nostre Sauveur, de nostre Dame ou des Saints il y a trois preludes ; es autres non plus que deux.

Le premier prelude, lors qu'il n'y en a que deux, est une composition ou representacion de quelque lieu, ou de quelque autre chose necessaire, pour mieux comprendre les points ou particions de la meditation ou quelque chose, qui touche aucunement, ou au moins est annexe au contenu de la meditation : afin, que de cette maniere, toutes nos fantasies & imaginations se donnent mieux a Dieu ; &, en particulier, estant attaché a quelques imaginations: pour ne point s'égarer, sans jugement.

Le second Prelude se fait : requerant de Dieu ce,

que lon fouhaitte, accordant avec la matiere ou object de la meditation proposée.

Mais lors qu'il y a trois preludes.

Le premier prelude, devant la composition du lieu, fera une representation de l'hiftoire, qu'on va mediter, en abregé, fans beaucoup la repaffer.

Le fecond prelude eft une formation des places efquelles eft arrivée l'hiftoire ou myftere conçuë.

Le troifiefme prelude eft une demande, que nous fouhaittons, comme une fin ou une de la meditation, felon les diverfitées de matieres.

3. Les points ou particions fe partagent en trois ou cincq ; ou plus ou moins, felon la fecondité ou abondance de la matiere : & font comme des articles, fur les quelles lon forme tout ce, que lon veut mediter.

Il faut en chafque point faire agir les trois puiffances de l'ame, qui font la Memoire, l'Entendement, & la Volonté : lefquelles, par fois (conforme a la neceffité) font fecondées de la fantafie ou puiffance imaginaire.

La memoire pofe fur le tapis la matiere preparée pour meditation : auffi autres chofes qui font lues, ou experimentées, & qui font la meditation plus abondante, ou feconde.

L'Entendement eftant affifté par la memoire, pour difcourir, repaffe la matiere, comprenant, jugeant, concluant, & inferant une Verité de l'autre dans les meditations, qui regardent les myfteres de la Vie de noftre Seigneur ; ou des Saints : Il faut, en chaque
point,

point, confiderer les perfonnes, les paroles, les actions, avec toutes leurs circonftances ; & lors mefme confiderer les penfées, les affections , les Vertus des perfonnes pour rendre la meditation plus fructueufe; faifant de tout cela reflexion fur nous mefmes, nos paroles, & nos actions.

Mais vous remanquerez icy premierement : que, dans les myfteres de la Paffion de nôtre Seigneur, non feulement il faut regarder les perfonnes ; efcouter les paroles ; voir les actions (comme il fe fait en toute meditation, qui a, pour fujet, quelque hiftoire) mais il faut premierement s'arrefter a ce, que nôtre Seigneur fouffre en fon Humanité, ou defire de fouffrir : afin de s'exciter auffi foy-mefme a la douleur. Apres cela on doit confiderer : comment nôtre Seigneur, tenant fa Divinité cachée, abandonne fon Humanité aux tourments, lors qu'il pourroit perdre tous ces ennemis. Enfin il faut penfer a ce, que nous pouvons faire, ou fouffrir pour luy : puis qu'il enduré tant pour nos pechez.

Vous remarquerez : que dans les meditations de la Refurrection de nôtre Seigneur, outre la confideration des perfonnes, paroles, & actions (comme nous avons dit) il faut auffi premierement faire reflexion fur la Divinité de nôtre Seigneur : laquelle, ayant efté cachée pendant la Paffion, fe monftre, avec eclat, a fa Refurrection. Et puis il faut confiderer la maniere, que nôtre Seigneur a tenue pour confoler les fiens : s'eftant, en cela, comporté, comme les plus grands amis font entre eux, lors que le beau jour de la profpe-

rité

rité revient; après que la tempeste d'une furieuse adverſité eſt paſsée.

La maniere ou ſtil ordinaire de l'entendement dans toutes les meditations, (de quelle matiere elles puiſſent eſtre) eſt de ſe ſervir, dans ſes raiſonnements; des raiſons, & des reſſamblances que l'on trouve de ſoy-meſme; ou bien des ſimilitudes, exemples, & raiſons tirées hors de la Sainte Eſcriture, de Saints Peres, ou de quelques autres bons Autheurs. Et ainſi la Verité bien compriſe & penetrée, il faut propoſer a la Volonté divers motifs ou raiſons a eſmouvoir : comme de la neceſſité, du gain & profit, du plaiſir, d'honneur, de facilité, &c. afin qu'ainſi la Volonté ſoit eſmeüe & comme attirée pour embraſſer, ou bien pour rejetter ce, qui eſt compris & propoſé.

La volonté s'eſmouve par les choſes propoſées de l'entendement : en excitant dans ſoy-meſme ou de l'amour, ou de la haine ; ſouhait, refus : eſperance, deseſpoir; deſir, crainte; allegreſſe, melancolie; colere, ſelon la diverſité des raiſons, & des motifs propoſez par l'Entendement; puis lon peut dilater ou exciter, de nouveau, ſemblables affections en diverſes façons, par exemple : d'admiracion, d'humiliacion, d'attrait, de louange, ſupplicacion, interrogacion, confabulacion ; des plaintes, repriſes des offres, des remerciemens, & autres ſemblables.

La fantaſie ou l'Imagination nous repreſente les lieux, les viſages des perſonnes, leurs mouvemens ſituations, la grandeur des choſes, &c. ſuivant l'exigence des autres puiſſances; afin qu'elles ſe puiſſent occuper plus fortement & plus vivement. 4. Les

4. Les colloques ou entretiens peuvent estre plusieurs ou moindres, & consistent en cela : que celuy qui medite si souvent qu'il se trouve touché (soit au commencement, soit dans la continuation, soit a la fin de la meditation) qu'il parle avec Dieu le Pere, avec nôtre Sauveur, avec la S. Vierge, les Anges, les Saints, tantost rendant graces, (ainsi qu'est dit) tantost s'offrant, tantost demandant, suppliant, consultant tantost d'un' autre façon, a l'advenant que la meditation, ou la necessite requierent.

Entreprennant quelque fois la personne d'un enfant qui s'entretient avec son pere; autrefois d'un valet avec son Seigneur ou maistre; ou bien d'un criminel avec son juge; aussi d'une espouse avec son espoux; d'un amy avec son intime &c. ainsi que le Saint Esprit vous inspire.

De plus les Colloques se finissent a la fin de la meditation, par une priere vocale, que lon addresse a celuy, avec lequel lon a parlé.

Practique pour mediter.

1. CEluy, qui veut mediter le matin : en doit, le soir auparavant, repasser deux ou trois fois la matiere de sa meditation : remarquant soigneusement quels doivent estre les preludes ? determinant une, ou plusieurs fins, conformement a la capacité de la matiere ; Il doit faire reflexion de ce, qui peut estre consideré des points : En particulier observerat il és mysteres de nôtre Sauveur, ou des

Saints : quelles perſonnes, quelles paroles, quelles œuvres ſe trouvent en chaſcune d'icelles.

2. Apres que lon s'eſt couché, avant de s'endormir, lon doit penſer (durant le temps d'un Ave) l'heure que lon deſtine de ſe decoucher, repetant, en abregé les points ou particions de la meditation, de meſme faut il faire toutes les fois, que l'on s'eveille.

3. Le matin, eſtant eveillé, faites, tout au premier, un propos, d'obſerver exactement les dix Additions pour bien & deüement mediter. Puis (chaſſant toute autre penſée) appliquez vous entierement a voſtre meditation. Excitant en vous tel mouvement, que la meditation demande. Et cela par le moien de quelque comparaiſon, qui repaſſe en voſtre eſprit ; ou bien par quelques paroles ſavourantes ſoit de la Sainte Eſcriture ; ſoit de quelque Saint Pere.

Ce, qui eſt dit, de preparer la meditation, au ſoir, pour le matin du lendemain : ſe doit auſſi faire, avec proportion, environ un quart d'heure devant toutes les meditations, qu'on fera de jour.

4. Au commencement de la meditation, il faut vous imprimer, que voſtre Ange, ou bien quelque autre Saint, a qui vous eſtes porté, vous introduit, & vous preſente devant Dieu. Et pour cela prenez de l'eau benite, faites le ſigne de la croix en eloignant le malin eſprit, afin qu'il ne vous trouble avancez vous vers la place de la meditation, avec une certaine avidité ſpirituelle, pour raſaſſier voſtre ame en la preſence de Dieu.

5. Eſtant encor, un peu, eloigné de voſtre oratoire, arreſtes

de Saint Ignace. 27

arreſtez vous debout; l'eſpace d'un Pater, & d'un cœur elevé aux choſes celeſtes, imaginez vous d'eſtre en la preſence de Jesus-Christ, comme hôme Dieu; ou bien de la Tres-ſainte Trinité; ou, pour ne pas manquer par l'imagination, excitez un' acte de foy la plus vive que pouvez, croiant avoir Dieu preſent, qui obſerve ce que vous allez faire. Et puis par un humble abaiſſement du corps, adorez le.

6. Mis a genoux, adorant Dieu, beniſſez-le avec ces paroles, ou ſemblables: Louée ſoit la tres-ſainte & ineffable Trinité, preſentement, & touſjours &c. Je vous adore Jesus Christ, & vous loüe de ce, que par voſtre croix, & par voſtre Paſſion, vous avez ſauvé le monde.

7. En cette poſture, quoy que vous vous devez juger indigne de la preſence de Dieu, avec repentence: ce neaumoins prendrez courage & deſir, pour vous offrir entierement a Dieu. Et ainſi auſſitoſt ferez l'oraiſon preparatoire, ainſi que, deſſus eſt dit.

8. Faites en alors deux ou trois preludes, ſuivant la diverſité de la matiere, comme cy-devant eſt aſſigné.

9. Commencez ainſi la meditation par ſon premier point, auquel ſi vous trouvez la devotion propoſée, arreſtez y juſques a eſtre ſatisfait, ſans avancer voſtre penſée.

La maniere, de mediter, ſera: que la Memoire debite une partie de la meditation preparée, & de ſa matiere; & que l'Entendement la repaſſe & balance ſi avant, juſque a ce que la Volonté s'emouve pour embraſſer.

embrasser, ou pour repudier ce que l'Entendement a proposé. A quoy aidera beaucoup, de considerer : si les personnes, occurrantes dans la meditation, operent conformement a leur nature, proprieté, & condition; ou point? Et de tirer toutes choses a son instruction & profit. Cela estant fait a l'entour d'un point ou partie, passerez peu a peu aux autres, de la mesme maniere.

10. Sur la fin de la meditation ferez un ou plusieurs colloques, comme dessus est dit, selon la devotion & finirez avec quelque oraison vocale.

11. L'heure de la meditation estant passée (ou assis, ou en promenant, &c.) l'espace d'un quart d'heure, examinerez le succes de vostre meditation : que si elle est mal succedée; rechercherez les causes avec repentance, & propos de vous amander: mais si elle est bien reüssie; remerciez le bon Dieu, & proposez de tenir la mesme maniere, a l'avenir.

Faites en donc reflexion premierement, de la maniere, qu'vous avez observée a vous preparer, a former la presence de Dieu, a l'oraison preparatoire, aux preludes, en l'exercice de la Memoire, de l'Entendement de la Volonté, & de la fantasie dans toute la meditation, & enfin a faire le colloque.

Secondement : prenez garde si vous avez eu des distractions, & quelle maniere vous avez observée pour les chasser ? Tiercement remarquez les consolations, ou les desolations, qu'avez eu : & cherchez leur qualité & leurs occasions.

Quatriémement examinez si vous avez esté aride
aux

aux discours; ou bien fertile: & pareillement recherchez les occasions de tout cela.

Cincquiesmement: ramassez les lumieres de l'Entendement, qu'avez eu: si elles ont esté nouvelles, ou bien vielles, mais mieux comprises?

Sixiesmement: cüeillez pareillement les affections de la Volonté: & voyez si elles ont esté d'amour, ou de haine?

Septiemement: rassemblez les propos que vous avez fait pour les mettre en execution, & renouvelez-les.

Huitiesmement: marquez en un livret a cela propre, les lumieres, les affections & esmotions, les propos le plus court & le plus clair que vous sçaurez.

Practique d'appliquer les sens.

1. Procurez (par le moien de la meditation, de faite en la susdite maniere; ou bië par l'aide d'une lecture diligente,) de bien penetrer la matiere des mysteres, auxquels desirez d'appliquer les sens.

2. Faites, tres-diligemment, tout ce, qui est dit de la meditation, touchant la preparation, la presence de Dieu, l'oraison preparatoire, les preludes.

3. Commencez a appliquer vostre regard: en vous imaginant de voir les personnes, les œuvres, & autres choses, qui peuvent servir d'object au sens de la Veüe. Ensuite appliquez, l'Oüye, le Goust, l'Odorat, l'Attouchement, chacun a son object propre. Mais en cas de ne trouver des objects propres; & corporels: alors il les faut prendre metaphoriquement, & spirituelles.

Les Exercices Spirituels

De plus, en cas qu'a la fantasie se presente plustot l'objet d'un sens, que d'un autre, par exemple : plustost de l'Odorat, que de la veüe, ou du Goust, on s'y arrestera : (parce que l'ordre n'est pas si necessaire pour la fin, qu'on la puisse changer,) & on tachera, autant qu'il sera possible, d'y penetrer. Et apres avoir bien compris l'object de quelque sens : on en fera soudainement quelque petit discours la dessus ; & on fera quelque instruction morale avec l'Entendement, servant à la reforme des meurs propres, & depuis, par l'exercice de la Volonté, on embrassera, ou lon rejettera ce, que l'Entendement avoit proposé ; & lon excitera, & dilatera les affections, és manieres susdites.

4. Lon conclud toute l'application des sens avec quelque Colloque, a la maniere susdite : & lon finira avec quelque Oraison vocale.

5. Lon examinera le succes de l'application des sens: (comme dit est de la meditation) & pareillement lon marquera les fruits.

A la plus grande gloire de Dieu.

QVELQVES
REMARQVES,

Qui apportent de l'éclaircissement aux Exercices Spirituels suivans, afin que celuy qui les doit donner, & celuy qui les doit recevoir puissent estre aydez.

LA Premiere Remarque est, que par le mot, *d'Exercices Spirituels*, on entend toutes les manieres d'examiner sa conscience, de mediter de contempler, de prier mentalement & vocalement, enfin de s'aquiter deüement de toutes les operations de l'esprit. Car tout ainsi que se promener, faire voyage, & courir, sont des Exercices corporels ; aussi preparer l'ame à ôter ses affections dereglées, & ensuite à rechercher, & à reconnoître la volonté de Dieu sur le dessein de notre vie, & le salut de notre ame, ce sont des Exercices Spirituels.

La seconde est, Que celuy qui donne à un autre la maniere, & l'ordre de mediter ou de contempler, luy doit exposer fidellement la matiere de la Meditation ou Contemplation, en parcourant seulement les principaux points legerement, & y adjoutant une courte explication, afin que celuy qui doit mediter, ayant ouy le veritable fondement de l'histoire, discoure dessus & forme luy-mesme ses raisonnemens. Car il arrivera ainsi qu'ayant trouvé par son propre travail, ou

receu

receu par la lumiere divine quelque éclaircissement, ou une plus vive apprehension de l'histoire ; il y prendra plus de plaisir, & il en tirera plus de fruit qu'il ne feroit si la chose luy eust été déclarée plus au long par un autre. Car ce ne sont pas les grandes connoissances, mais les sentimens, & le goût interieur des choses, qui a coûtume de contenter le desir de l'ame.

La troisiéme est, Qu'en tous les Exercices suivans, l'entendement operant dans les considerations, & la volonté dans les affections ; il faut prendre garde qu'on demande de nous un plus grand respect quand nous parlons à Dieu, ou aux Saints, soit de cœur ou de bouche, que quand nous employons nostre raison à la seule connoissance des choses.

La quatriéme, Qu'encore que l'on assigne quatre semaines aux Exercices suivans, afin que comme ils ont quatre parties, aussi chaque semaine responde à une de ces parties ; sçavoir que la premiere semaine s'employe à la consideration des pechez : la seconde à la Meditation de la vie de Nostre Seigneur, jusqu'à son entrée en Jerusalem, le jour des Rameaux : la troisiéme à sa Passion : & la quatriéme a sa Resurrection, & à son Ascension, avec les trois manieres de prier : Neantmoins il ne faut pas prendre les semaines avec tant de rigeur, que l'on employe necessairement sept ou huit jours à chacune. Parce que les uns venant plutôt à bout de ce qu'ils prétendent (par exemple, dans la premiere semaine, de la douleur de leurs pechez, & des larmes) & les autres y arrivent plus tard : Quelques-uns aussi étant plus agitez & plus

de Saint Ignace.

plus éprouvez par divers esprits, & les autres moins ; il est par fois expedient d'abbreger, ou de prolonger une semaine, selon que demande la matiere qu'elle contient. C'est pourtant la coutume de reduire tout le temps des Exercices à l'espace de trente jours, ou environ.

La cinquiéme est, Que celuy qui prend les Exercices est merveilleusement aydé, s'il y vient avec un grand courage, & s'il offre liberalement à Dieu son Createur toute son affection, & toute sa liberté afin qu'il dispose de luy, & de tout ce qui luy appartient en la maniere qu'il pourra luy rendre plus de service, selon son bon plaisir.

La sixiéme, Que si celuy qui donne les Exercices, s'apperçoit qu'il n'arrive à celuy qui les prend, aucuns mouvemens spirituels, comme sont les consolations ou les tristesses, & qu'il ne soit point agité de divers esprits (*bons ou mauvais*) il doit soigneusement s'enquerir, s'il fait ses Exercices (*ou Meditations*) aux heures assignées, & de quelle façon ; & s'il est exact à observer toutes les Additions, en luy demandant compte de tous ces points en particulier. Il sera traitté plus bas des consolations, & des desolations en la page 251. & des Additions en la page 87.

La septiéme est, Que si celuy qui conduit un autre dans les Exercices, remarque qu'il soit dans la desolation, ou dans la tentation, il doit bien prendre garde à ne se pas montrer fâcheux & severe envers luy ; mais plutôt facile & doux, en l'affermissant dans la résolution d'agir desormais courageusement ; & en

C luy

luy découvrant les artifices de l'ennemy pour le disposer à la consolation, qui ne tardera gueres à venir.

La huitiéme est, Qu'aux occurences des consolations, & des desolations de celuy qui prend les Exercices, & en toutes les autres ruses de l'ennemy, on pourra se servir des regles du discernement des divers esprits, qui sont mises pour les deux premieres semaines.

La neufiéme, Que lors que celuy qui prend les Exercices n'a aucune experience des choses spirituelles, & pour cette cause il se trouve travaillé dans la premiere semaine de tentations grossieres & manifeste, parce qu'il se presente dés lors des empéchemens asseurez de la continuation dans le service divin (tels que sont l'ennuy, l'inquietude, la honte, la crainte pour la consideration qu'il a de l'honneur du monde) celuy qui le conduit ne doit point en ce temps-là se servir des regles du discernement des esprits appartenantes à la seconde semaine : mais seulement de celles qu'on donne dans la premiere, parce qu'autant qu'un autre recevra de profit de celles-cy, autant celles-là luy seront nuisibles, à cause de leur subtilité & de leur élevation qui surpasse la portée de son esprit.

La dixiéme, S'il arrive que celuy qu'on exerce soit assailly de tentations qui ont l'apparence de bien, il faudra le fortifier par les regles de la seconde semaine. Car l'ennemy du genre humain attaque plus ordinairement sous couleur de bien, ceux qui sont déja entrez dans la vie Illuminative (laquelle répond aux

Exer-

Exercices de la seconde semaine) que ceux qui demeurent encore dans la Purgative, laquelle répond aux exercices de la premiere semaine.

L'onziéme, Qu'il importe à celuy qui est dans les Exercices de la premiere semaine, de ne point sçavoir ce qu'il doit faire en la seconde : mais de travailler avec autant d'application à obtenir ce qu'il cherche, que si apres il ne devoit rien trouver de bon.

La douziéme est, Qu'il faut avertir celuy qui fait les Exercices, qu'étant obligé d'employer une heure entiere en chaque Exercice des cinq qui seront mis cy-aprés ; il doit se donner cette satisfaction, d'estre asseuré, qu'il à plutôt alongé que racourcy son temps. Car c'est l'ordinaire du malin Esprit, de faire qu'on retranche quelque chose du temps assigné pour la Meditation ou l'Oraison.

La treisiéme est, Qu'étant bien aysé de passer une heure entiere en l'Oraison, quand on y trouve de la consolation ; & au contraire étant tres-difficile de l'y employer, quand on est en desolation ; il faut toûjours combattre contre la tentation & la desolation, en continuant, pour nous vaincre, l'Exercice au delà de l'heure qui nous est prescrite. Parce qu'ainsi nous n'apprendrons pas seulement à tenir teste à nostre ennemy, mais encore à le surmonter.

La quatorsiéme est, Que si celuy qui est aux Exercices se trouve plein de consolation & de grande ferveur, il le faut prévenir de peur qu'il ne s'oblige par quelque vœu fait avec inconsideration & précipitation ; à quoy l'on devra pourvoir d'autant plus diligemment,

gemment, que l'on aura remarqué plus d'inconstance dans son esprit. Car bien qu'on puisse sagement porter quelqu'un à entrer en Religion, où il sera obligé de faire vœu d'obeïssance, de pauvreté, & de chasteté : combien aussi que l'œuvre faite par vœu, soit de plus grand merite que celle qui se fait sans vœu : si est-ce qu'il faut avoir un tres-grand égard à la disposition de chaque personne ; & l'on doit considerer attentivement quelle commodité ou incommodité se peut présenter pour l'accomplissement de ce qu'on veut promettre.

 La quinsiéme est, Que celuy qui donne les Exercices ne doit porter personne à la pauvreté, & à en faire vœu, plus qu'au contraire ; ny à une façon de vie, plus qu'à une autre. Parce qu'encore qu'il soit permis, & méritoire, de conseiller hors des Exercices, le Celibat, la Religion, & toute autre perfection Evangelique, à tous ceux que l'on connoît y estre propres, vû leur naturel & leurs qualitez : toutefois il est bien plus seur, & beaucoup meilleur de ne s'ingerer point à cela pendant les Exercices ; mais de chercher plutôt la volonté de Dieu, & d'attendre que Nôtre Seigneur & Createur se communique luy-mesme à l'ame qui luy est affectionnée, & que par ses doux embrassemens il l'a dispose à son amour, & à son service, comme il jugera estre le meilleur. C'est pourquoy le Directeur des Exercices ne doit pancher de costé ny d'autre ; mais il doit permettre que le Createur traitte cette affaire luy-mesme immediatement avec sa creature, & elle reciproquement avec son Createur.   La

La seisiéme est, Qu'afin que Dieu nôtre Seigneur & Createur opere luy-mesme plus certainement en sa creature, s'il arrive que l'ame se sente portée & affectionnée à quelque chose moins bonne, il faut s'efforcer autant que l'on pourra de la pousser au contraire. Par exemple, si elle se sent attirée à un benefice ou à une charge, non par un motif de la gloire de Dieu, ou du salut de plusieurs ames, mais seulement pour des commoditez, & des interests temporels; il faut porter son affection au contraire; en luy conseillant de faire des prieres continuelles, & d'autres œuvres saintes, & de demander à la bonté de Dieu, la grace de se remettre tellement entre ses mains, & de ne desirer plus ce benefice ou cette dignité, sinon aprés qu'elle y aura tellement changé sa premiere inclination, qu'elle ne consente point à desirer ny à posseder aucune chose pour autre consideration que pour l'honneur de Dieu.

La dix-septiéme est, Qu'encore que celuy qui donne les Exercices ne veuille pas sçavoir les pensées, ny les pechez de celuy qui les prend; il est pourtant tres-utile qu'il soit fidellement averty des divers mouvemens, & des pensées qui viendront de la part des differens esprits, & qui le porteront à un plus grand, ou à un moindre bien, afin qu'il luy prescrive des Exercices Spirituels, qui soient propres à la necessité presente de son ame.

La dix-huitieme est : Qu'il faut accommoder les Exercices à celuy qui les fait, ayant égard à son âge, à sa capacité, & à son naturel; de peur de charger un

homme

homme grossier, foible, & infirme, de ce qu'il ne peut pas porter commodement, & avec fruit. Pareillement selon la fin que chacun se propose, il faut luy donner ce qui peut l'y ayder plus considerablement. C'est pourquoy a celuy qui n'a dessein que de se faire instruire, & d'arriver à quelque degré de vertu où il puisse avoir le repos de son ame, on pourra donner l'Examen particulier mis en la page 45. puis le general page 65. & ensemble la maniere de faire tous les matins une demy-heure d'Oraison sur la consideration des Commandemens de Dieu, & des pechez mortels, page 164. De plus, il luy faudra conseiller qu'il se confesse toutes les semaines, & qu'il se Communie tous les huit où quinze jours, s'il y est porté d'affection. Cette sorte d'Exercice convient proprement aux personnes grossieres, ou qui n'ont pas étudié: & il faudra aussi leur donner l'explication des Commandemens de Dieu, & de ceux de l'Eglise, des sept pechez mortels, des cinq sens, & des œuvres de misericorde. Semblablement si le Directeur en voit un autre qui soit de foible complexion, & de peu de capacité, ce qui fait qu'on n'en puisse gueres esperer d'avancement & de fruit, ce sera mieux fait de luy ordonner quelques-uns des Exercices plus aisez jusqu'à la Confession des pechez; Et puis, de luy donner quelques Examens de conscience, avec une pratique de frequente Confession, afin qu'il conserve ce qu'il a avancé & gaigné de bien pour son ame. Mais il ne faudra point passer aux regles des Effections, ny à d'autres Exercices, qu'à ceux de la premiere semaine;

ne ; principalement lors qu'il s'en presente d'autres pour faire les Exercices avec plus de fruit, & que le temps ne permet pas de les donner entierement à tous.

La dix-neuf-viéme est : Qu'à celuy qui est occupé aux affaires publiques, ou à d'autres bien-seantes, qu'il ne peut raisonnablement laisser (soit qu'il ayt de l'esprit, & de l'estude, ou non) pourveu qu'il ayt une heure & demie par jour afin de prendre quelques Exercices, il faudra déclarer premierement pour quelle fin l'homme a esté crée : Et puis, on luy expliquera l'Examen particulier l'espace d'une demie-heure : Ensuite le general, avec la maniere de se bien Confesser & Communier : en luy ordonnant de plus, que trois jours de suite il fasse le matin une demie heure de Meditation, sur le premier, sur le second, & sur le troisiéme peché, comme il est enseigné en la page 57. Et les trois jours suivans, qu'il medite à la mesme heure, le progrez des pechez, page 63. & trois autres jours les peines dont Dieu châtie le peché, page 80. il faudra aussi luy declarer dans le temps de trois susdites Meditations, les dix Additions marquées en la page 84.

Aux Mysteres de Nôtre Seigneur JESUS-CHRIST, on gardera la mesme façon de mediter, qui est amplement déduite dans les Exercices.

La vingtiéme est, Qu'à celuy qui est plus dégagé des affaires, & qui veut retirer le plus grand profit de son ame, il faut donner tous les Exercices au mesme ordre qu'ils sont couchez ; & mesme il est expedient de luy en mettre par écrit les principaux points, de peur qu'ils ne s'échappent de sa memoire. Dont il profitera d'avantage (comme il a coutume d'arriver) à proportion que plus il se separera de ses amis, & de tous ceux de sa connoissance, & de tout soin des affaires humaines. Comme si abandonnant sa demeure ordinaire, il se retire en quelque logis ou cabinet plus escarté, d'où il puisse sortir librement & seurement, lors qu'il le voudra, pour aller le matin oüir la Messe, & Vespres le soir, sans estre interrompu par la rencontre d'aucun de sa connoissance. Or entre les commoditez qu'il recevra de cette retraitte, il s'en presente trois principales. La premiere, qu'en se separant ainsi de ses amis, & de toutes les affaires qui tendent moins droit au service de Dieu, il meritera une grace de Dieu plus abondante. La seconde, que cette solitude faisant que son esprit soit moins partagé qu'auparavant, & toutes ses pensées estant ramassées en la seule de servir a son Createur, & de pourvoir à son salut, il employera bien plus librement, & plus aisément ses puissances naturelles à chercher ce qu'il desire avec ardeur. La troisiéme, que plus l'ame se trouve separée des creatures, & solitaire; plus elle se rend propre à chercher Dieu, & à parvenir à son Createur & Seigneur, duquel aussi plus elle s'aproche, plus elle se dispose mieux à recevoir les faveurs de sa divine bonté.

QVEL-

QUELQUES EXERCICES SPIRITUELS,

Qui conduisent l'Homme à pouvoir se vaincre soy-mesme, & à prendre une sorte de vie, exempte de toutes les affections déreglées.

D'Abord il faut présuposer une Maxime, qui peut ayder tant celuy qui donne, que celuy qui prend les Exercices Spirituels ; sçavoir, que tout Chrestien qui à de la pieté, lors qu'il s'agit de dire son sentiment sur une proposition obscure avancée par quelqu'un, doit avoir plus d'inclination à la prendre dans un bon sens, qu'à luy en donner un mauvais. Que s'il ne la peut excuser, il doit s'informer de l'auteur, quel est son sentiment ; & s'il est dans des opinions égarées, luy remontrer doucement sa faute ; que si cela ne suffit pas, il doit se servir de tous les moyens propres pour guerir son esprit, & pour mettre sa conscience à couvert de l'erreur.

Cosiderād.e finis & sm finem dirigend'ē curs.
Caf: Col 17.

LA PREMIERE
SEMAINE.

LE PRINCIPE
OV
LE FONDEMENT.

L'Homme est crée pour loüer Dieu son Seigneur, le respecter, & estre enfin sauvé en le servant. Quant aux autres choses qui sont sur la terre, elles ont esté toutes faites pour l'homme, afin qu'elles l'aident à poursuivre la fin de sa creation. D'où il s'ensuit, que l'homme n'en doit user, ou s'en abstenir, qu'autant qu'elles l'aydent, où l'empeschent de poursuivre la fin. C'est pourquoy nous devons regarder avec indifference toutes les choses crées (entant qu'elles sont soumises à nôtre liberté, & qu'on ne nous les a point defendües) en sorte (qu'autant que cela dépend de nous) nous ne cherchions point la santé plutôt que la maladie, ny ne préferions point les richesses à la pauvreté, les honneurs au mépris, ny la longue vie à une courte. Mais il est de nôtre prudence, & de nôtre devoir, de choisir entre toutes les choses, & de desirer finalement celles qui conduisent à la fin pour laquelle nous sommes crées.

EXAMEN

EXAMEN PARTICVLARE. *Pag. 36.*

EXAMEN
PARTICVLIER,
& de chaque Iour.

Comprenant trois temps propres pour le bon propos, & pour les deux reveuës.

LE premier temps, est celuy du matin, auquel il faut aussi tôt qu'on est levé, proposer de se garder soigneusement de tomber en quelque peché ou vice particulier, duquel on desire de s'amender.

Le second, est vers le midy. Car alors il faut demander à Dieu la grace pour se souvenir combien de fois on est tombé en ce peché, ou défaut particulier; & pour s'en garder à l'avenir. Puis on en fera la premiere reveuë en s'éxaminant sur le peché ou vice susdit, & l'on parcourrera chaque partie du temps qui s'est passé depuis l'heure du lever jusqu'à celle d'à present, en remarquant combien de fois on y est tombé, & en faisant autant de traits en la premiere ligne de la figure suivante. Aprés quoy il faut proposer derechef de s'en mieux garder pendant le reste du jour.

Le troisiéme est le soir, où aprés le souper, il faut faire la seconde reveuë, en parcourant aussi toutes les heures qui se font escoulées depuis la recherche précedente jusqu'à celle-cy; & en se souvenant & comptant de la mesme façon, le nombre des fois

qu'on

qu'on y a manqué ; pour faire autant de marques en la seconde ligne de la mesme figure préparée à ce dessein.

QVATRE
ADDITIONS,

Vtiles pour déraciner plus aisément, & plus promtement quelque vice que ce soit.

LA premiere est, Qu'à chaque fois que l'homme tombera en cette sorte de faute, en portant la main à sa poitrine il se repente de sa cheute; ce que l'on peut faire mesme devant les autres, sans qu'ils s'en apperçoivent.

La seconde, Qu'au soir en comptant les marques de deux lignes, & comparant celles de la ligne du premier Examen avec celles de la ligne du second, il prenne garde, si depuis le premier Examen jusqu'au second, il y a eu quelque amendement.

La troisiéme, Qu'il compare les Examens du premier jout avec ceux du second, pour voir s'il s'est amendé en quelque chose.

La quatriéme, Qu'il compare ensemble les Examens de deux semaines, & qu'il considere de mesme s'il s'est corrigé ou non.

Il faut aussi remarquer qu'en la figure suivante, les premieres lignes qui sont les plus longues, sont pour le premier jour, sçavoir pour le Dimanche ; les se-
condes

condes pour le Lundy un peu plus courtes, & ainsi consecutivement : étant bien raisonnable que le nombre des fautes soit moindre par chaque jour.

DIMANCHE. ———————————
LUNDY. ———————————
MARDY. ———————————
MERCREDY. ———————————
JEUDY. ———————————
VENDREDY. ———————
SAMEDY. —————

EXAMEN

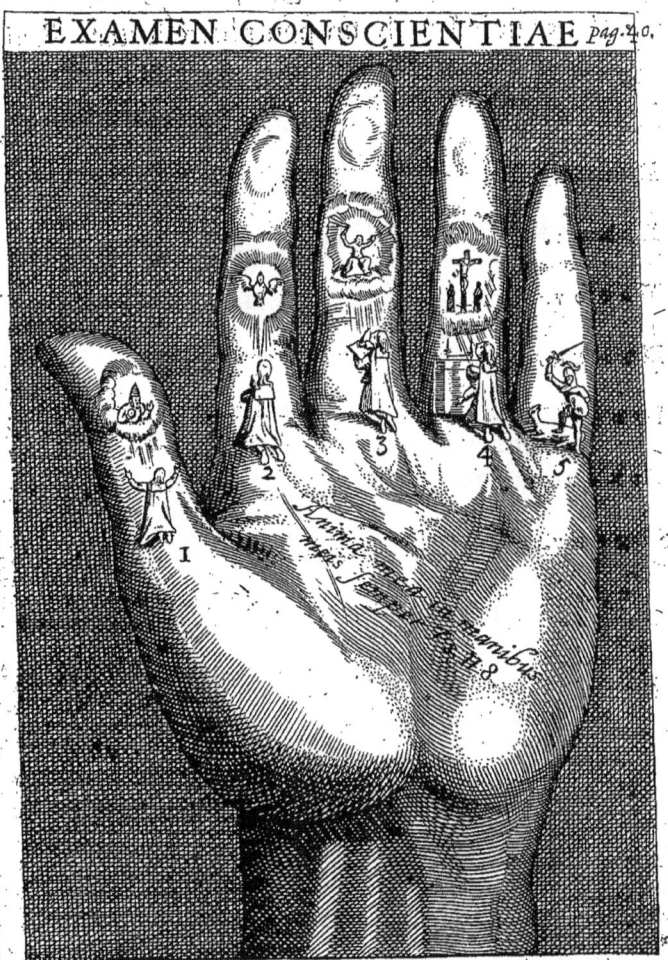

EXAMEN GENERAL

DE LA

CONSCIENCE,

Tres utile pour la purgation de l'ame, & pour la Confession des pechez.

J'Advance comme chose certaine, qu'il arrive trois sortes de pensées à l'homme, dont l'une procede de son propre mouvement, les deux autres proviennent de dehors, sçavoir de la suggestion du bon esprit, ou de celle du mauvais.

De la Pensée.

On peut en deux façons tirer du merite de la mauvaise pensée en matiere de peché mortel, de laquelle nous parlons icy : Premierement, lors que la pensée de faire quelque peché mortel se présente, & on la chasse soudainement en luy resistant : Secondement, que la mauvaise pensée ayant esté repoussée une & deux fois, elle revient neantmoins, retournant de fois à autre, mais on luy resiste continuellement, jusqu'à ce qu'on l'ayt entierement vaincuë. Et cette sorte de victoire est beaucoup plus excellente, que la premiere.

D   Or

Or celuy-là peche veniellement en la pensée du peché mortel, qui s'y arreste un peu, comme en l'écoutant ; ou qui y prend quelque petit plaisir du sens, ou qui est negligent à le rejetter.

Mais le peché mortel se commet en deux façons, par pensée; 1. Lors qu'en quelque maniere que ce soit on preste consentement à la pensée du peché : C'est à dire, qu'on s'y arreste avec pleine deliberation. 2. Lors qu'on accomplit le peché par œuvre : en quoy l'on peche plus grievement pour trois raisons ; Sçavoir, a cause qu'on s'y entretient plus long temps ; que l'action en est plus vehemente, & qu'on nuit aux autres par le scandale & par le dommage qu'on leur apporte.

De la Parole.

Il y a aussi plusieurs façons d'offenser Dieu en parole, par exemple en blasphemant & en jurant. Car il ne faut point du tout jurer, ny par le Createur, ny par aucune creature, sinon avec ces trois conditions, verité, necessité, & reverence. Or il ne faut pas entendre par cette necessité, l'obligation qu'on a d'affirmer toute sorte de verité ; mais seulement celle qui concerne un bien considerable spirituel, corporel, ou mesme temporel. Nous appellons aussi reverence, lors que celuy qui profere le nom de Dieu, à soin de rendre à nôtre Createur & Seigneur, l'honneur qui luy est dû.

Mais il faut sçavoir, qu'encore que le jurement
fait

de Saint Ignace.

fait par le Createur, temerairement & en vain, soit un plus grand peché que de jurer par la creature : il est toutefois plus difficile de jurer licitement par la creature que par le Createur, en gardant les circonstances que nous avons dit, qui se doivent garder. Premierement, par ce qu'en faisant mention de la creature dans nostre jurement, nous ne sommes pas tant émûs à prendre garde de jurer avec verité & avec necessité, comme nous le ferions si nous nommions le Createur de toutes choses. Secondement, parce que nous sommes bien moins excitez à respecter Dieu, en nommant la creature, qu'en proferant le nom de Dieu. C'est pourquoy on permet plus aisément aux parfaits qu'aux grossiers, & ignorans, de jurer par les creatures : parce que les parfaits ayant l'entendement fort éclairé par le continuel exercice de la contemplation, voyent de plus prés & reconnoissent mieux, que Dieu est en toute creature par essence, par présence, & par puissance ; & ainsi ils sont plus disposez à le respecter deuëment lors qu'ils jurent, que les autres qui ne sont pas encores arrivez à un pareil degré de perfection. Troisiémement, parce qu'en prenant la coustume de jurer par les creatures, il y auroit danger d'idolatrie ; ce qui est beaucoup plus à craindre dans les imparfaits, que dans les parfaits.

Il faut encore éviter entre les autres pechez de la langue, les paroles oiseuses, telles que sont celles qui ne servent ny à celuy qui les profere, ny à aucun autre, & qui ne sont point dites à dessein de profiter. Mais il ne faut pas prendre pour parole oiseuse celle qui d'elle-mesme tend au bien spirituel de nostre ame ou de celle du prochain ; ou au bien du corps, ou mesme a quelque interest temporel; ou qui s'y rapporte par l'intention de celuy qui la profere, quoy qu'il parle d'affaires éloignées de son estat, comme un Religieux, de guerre, ou de trafic. Au reste la parole dressée a une bonne fin, est meritoire: mais si elle est proferée inutilement, ou a mauvaise intention, c'est un peché.

Il faut aussi compter entre les péchez de la langue, le mensonge, le faux témoignage, la détraction: car il ne faut point detracter, ny murmurer d'autruy. Et en révelant le peché d'un autre, qui soit mortel, & qui ne soit point public, on péche aussi mortellement, si on le fait a mauvais dessein, ou avec un préjudice notable de la renommée du prochain. On ne pécheroit que veniellement, si en parlant ordinairement on ne faisoit autre chose, que reveler un péché veniel.

Ajoûtez a cecy, que tout autant de fois que nous découvrons le vice ou le defaut d'autruy, nous découvrons tout ensemble le nostre. Mais si nostre intention est bonne, nous pourrons parler de manquemens du prochain en deux manieres. Premierement, si le peché est public, comme est celuy des femmes abandonnées, ou des personnes condamnées en Jugement; ou s'il est pernicieux aux autres, comme seroit une erreur publique, laquelle corromproit ceux qui l'entendroient en conversation. Secondement, lors qu'on déclare le peché secret de quelqu'un, a un autre, qui pourra ayder a le corriger, pourvû qu'on en ayt quelque raison, ou conjecture probable. On

On pourroit compter entre les pechez de la langue les mocqueries, les contumelies, & d'autres semblables que le Directeur des Exercices déduira comme il jugera estre necessaire.

De l'Oeuvre.

Quand l'on a consideré les dix Commandemens de Dieu, ceux de l'Eglise, & les Ordonnances de ses Superieurs, on doit sçavoir que toutes les actions par lesquelles on y contrevient, sont des pechez veniels ou mortels, selon que la façon d'y contrevenir est inégale, & que la disposition de celuy qui y contrevient est diverse. Or nous disons qu'il faut rapporter aux Ordonnances des Superieurs, les Bulles & Indults des Papes, que l'on a coutume de donner, & de publier contre les infidelles, ou pour la paix entre les Chrétiens, par lesquelles on invite les fidelles a se confesser & a se communier : Car celuy qui méprise & qui enfraint des exhortations & ordonnances des Superieurs de l'Eglise, aussi saintes que sont celles-là, péche sans doute grièvement.

LA MANIERE
DE L'EXAMEN GENERAL
De la Conscience, comprenant cincq parties, ou Points.

LE premier Point est, De rendre graces a Dieu nostre Seigneur pour les bienfaits receus de luy.

Le second, De demander la grace pour connoître, & pour effacer nos pechez.

Le troisiéme, De faire rendre compte a nostre ame des pechez commis ce jour-là, en parcourant toutes les heures depuis que nous sommes levez, & en examinant premierement nos pensées, puis nos paroles, & enfin nos œuvres, avec le mesme ordre qui a esté enseigné en l'Examen particulier.

Le quatriéme, De demander pardon des pechez commis.

Le cinquiéme, De proposer de s'amender avec l'ayde de la grace de Dieu : & a la fin reciter une fois le *Pater noster*.

L'VSAGE

L'VSAGE

DE LA CONFESSION

Generale, & de la Communion.

ENtre plusieurs autres advantages, on tire ces trois de la Confession generale faite volontairement.

Le premier : Qu'encore bien que celuy qui se confesse au moins une fois l'an, ne soit point obligé de se confesser generalement ; si neantmoins il le fait, il en retire beaucoup plus de profit & de merite, a cause que par ce moyen il conçoit une douleur bien plus vehemente de ses pechez, & de sa mauvaise vie.

Le second : Parce que les Exercices spirituels luy ayant fait connoître la nature & la grieveté des pechez, bien plus clairement qu'il ne la connoissoit auparavant, il en retirera aussi plus de profit & de merite.

Le troisiéme : Parce que celuy qui s'est confessé & préparé de la sorte, est convenablement mieux disposé a recevoir l'Eucharistie, laquelle ayde grandement a fuir le peché, & a conserver & mesme accroître la grace.

Au reste, cette Confession generale se fait mieux aprés les Exercices de la premiere semaine, qu'en d'autres temps.

DESIDERIUM PECCATORUM PERIBIT. *Psa.* 3

LE PREMIER EXERCICE,

Pour Mediter par les trois facultez de l'ame sur trois sortes de pechez.

Il contient une Oraison préparatoire, deux Preludes, trois Points, & un Colloque.

L'Oraison préparatoire, est une demande que nous faisons à Dieu, que toutes nos puissances, & toutes nos actions tendent sincerement à sa gloire, & à son culte.

Le premier Prelude, est une certaine disposition de lieu que l'on se figure. Pour laquelle comprendre, il faut remarquer qu'en toute Meditation ou contemplation que l'on fait sur des matieres corporelles, comme sur Iesus-Christ, on doit se répresenter dans son imagination, un lieu corporel, où se passe la chose que nous devons contempler ; comme un temple, ou une maison, en laquelle nous trouverons Iesus-Christ, ou la Vierge Marie, & le reste de ce qui appartient au sujet de nostre contemplation. Que si nous meditons une matiere qui n'a point de corps, comme est la consideration du peché qui se présente maintenant, la disposition du lieu pourra estre celle-cy ; de se figurer par l'imagination, que l'on voit noſtre ame enfermée dans ce corps corruptible, comme dans une priſon ; & l'homme meſme banny dans cette vallée de miſeres parmy les beſtes brutes.

Le ſecond Prelude, ſera de demander a Dieu la faveur que nous deſirons, conforme au ſujet de noſtre contemplation. Comme ſi nous devons mediter la Reſurrection de noſtre Seigneur, il faudra demander de la joye pour ſe réjoüir avec noſtre Seigneur de la ſienne. Si de la Paſſion, je demanderay des larmes, des douleurs, & des peines interieures pour compatir à ſes ſouffrances. Mais en la Meditation préſente, je dois demander de la honte & de la confuſion de moy-meſme, de voir qu'un grand nombre de perſonnes ont eſté damnées, bien qu'elles n'euſſent commis qu'un ſeul peché mortel, & que j'ay merité la damnation par tant d'offenſes mortelles.

Il faut encore remarquer, qu'avant que de commencer la Meditation (*C'eſt à dire, d'entrer dans la conſideration des Points dont elle eſt compoſée*) on doit faire une Oraiſon Préparatoire, & deux Preludes: avec cette difference toutefois, que l'Oraiſon Preparatoire ſe fait toûjours de la meſme maniére en tous les ſujets qu'on medite ; & les Preludes ſont differens, ſelon que les choſes qu'on medite ſont differentes.

Le premier Point, ſera d'occuper ma memoire ſur le premier de tous les pechez, qui eſt celuy que les Anges ont commis ; Et d'appliquer auſſi-toſt le diſcours de mon entendement, & les affections d ma volonté, pour repaſſer par mon eſprit, & bien entendre ce qui peut me remplir de honte & de con-

confusion, & comparant ce seul peché des Anges avec la multitude des miens, pour tirer cette consequence, & conclure enfin, que les Anges ayant esté condamnez aux enfers pour un seul crime, j'ay bien merité un plus grand nombre de fois de souffrir le mesme supplice. Nous disons donc, que la memoire se doit répresenter, que les Anges ayant esté créés dans un état de grace (ce qui estoit necessaire par la consommation, de leur beatitude) il refuserent par un plein mouvement de leur liberté, de rendre a Dieu le respect & l'obeïssance qu'ils luy devoient. Et se révoltant contre luy, ils déchûrent de l'état de grace en celuy du peché, & ils furent précipitez du Ciel en enfer. Aprés cette répersentation, l'entendement se doit arrester plus a loisir a raisonner la dessus : & la volonté s'appliquer fortement a exciter en mesme temps des affections conformes.

Le second Point, sera d'exercer les trois mesmes facultez, sur le peché de nos premiers parens (que nous appellerons le second peché) en repassant par sa memoire la longue penitence qu'ils ont faite pour ce peché; la corruption de tout le genre humain qui s'en est ensuivie, & combien de milliers d'hommes ont esté damnez a son occasion. Il faut donc se souvenir, qu'Adam qui avoit esté créé du limon de la terre dans un champ nommé depuis de Damas, fût placé dans le Paradis terrestre, avec Eve qui avoit esté formée d'une des costes d'Adam : & ayant eu défense de manger du fruit de l'arbre de la science du bien & du mal, mais n'ayant pas laissé d'en manger, ils
furent

furent incontinent aprés leur peché, chaſſez du Paradis terreſtre, reveſtus de peaux de beſtes, privez de la juſtice originelle; & ils paſſerent le reſte de leur vie dans le travail, & dans de grandes miſeres pour faire penitence. Sur leſquelles conſiderations il faudra raiſonner par l'entendement, & former des affections par la volonté, comme l'on a fait au premier Point.

Le troiſiéme Point eſt de s'entretenir de la meſme maniere ſur quelque peché mortel particulier quel qu'il ſoit (nous le nommerons le troiſiéme peché pour le diſtinguer des deux precedens) en conſiderant que pour un tel peché, quoy qu'il n'ayt eſté commis qu'une ſeule fois, pluſieurs perſonnes peut-eſtre ont eſté précipitez en enfer; & que peut-eſtre auſſi un nombre preſque infiny de perſonnes ſont tourmentez de peines eternelles, qui ont commis moins de pechez, & de plus legers que moy. C'eſt pourquoy il faudra repaſſer par ſa memoire, combien la griéveté & la malice du peché eſt grande, laquelle offenſe Dieu le Createur & le Seigneur de toutes choſes; Raiſonner auſſi par l'entendement, que c'eſt juſtement que Dieu punit le peché d'un ſupplice éternel, puis qu'il le commet contre ſa bonté qui eſt infinie. Enfin il faut exciter des affections par la volonté, comme il a déja eſté dit.

Le Colloque ſe fera en ſe repréſentant Iesus-Christ attaché a la croix comme ſi on le voyoit de ſes yeux. Je me demanderay donc à moy-meſme, pourquoy le Createur, qui eſt infiny, a bien voulu ſe faire creature,

ture, & descendre d'une vie éternelle, a une mort temporelle pour mes péchez. Je me feray des reproches ensuite, en m'interrogeant sur ce que j'ay fait jusqu'a maintenant pour Iesus-Christ, qui merite qu'on s'en souvienne : sur ce que je feray a l'advenir ; & sur ce que je suis obligé de faire ? Et en regardant ainsi Iesus-Christ, attaché a la Croix, je luy diray ce que mon affection me suggerera. Or le propre du Colloque est, qu'il se fasse comme si c'estoit l'entretien d'un amy avec son amy, ou d'un serviteur avec son maistre : tantost en demandant quelque grace, tantost en s'accusant de quelque faute ; par fois aussi en luy communiquant nos propres affaires, & luy demandant le conseil sur elles, & l'assistance dont nous avons besoin. On achevera la Meditation par le *Pater noster.*

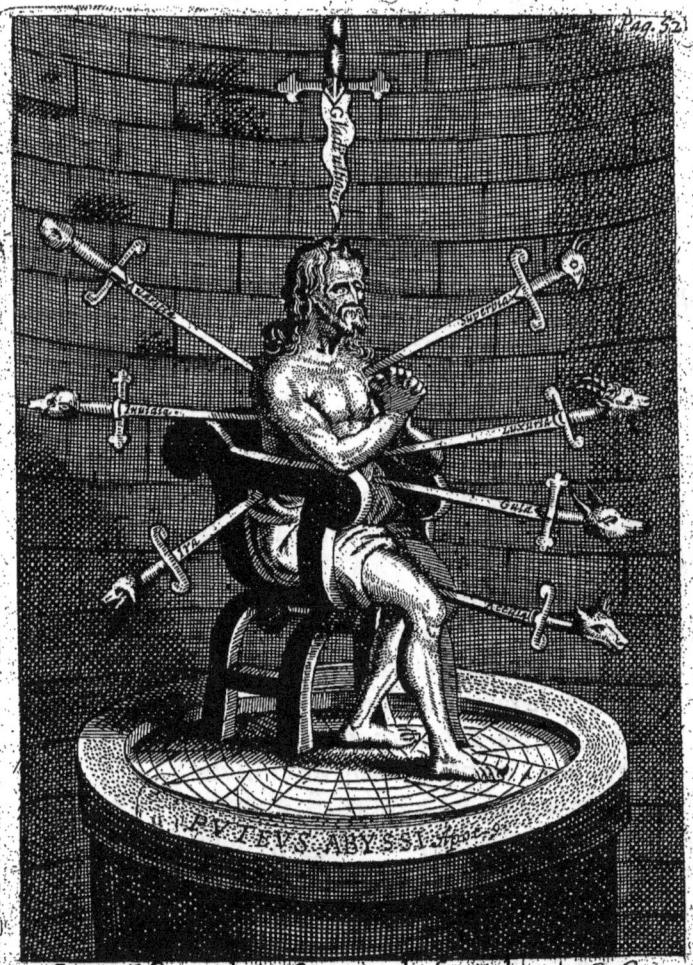

In pūcto ad inferna descēdunt Job 2

LE SECOND

EXERCICE,

Est une Meditation des pechez,

Laquelle outre l'Oraison Preparatoire, & les deux Preludes, comprend cinq articles ou Points, avec un Colloque à la fin.

L'Oraison Preparatoire, est la mesme que dessus.
 Le premier Prelude demande la mesme disposition du lieu, qui a esté declarée en la Meditation précedente.
 Le second, se fera en demandant a Dieu ce que nous recherchons icy; sçavoir une grande douleur de nos pechez, & abondance de larmes.
 Le premier Point, sera de faire une sorte de reveuë, par laquelle nous rapellions a nostre memoire les pechez de toute nostre vie, en parcourant successivement, & en examinant a part, les années, & chaque partie des temps qui l'ont composées. En quoy nous serons aydez par la consideration de trois choses, qui sont les lieux de nostre demeure, les manieres de nos conversations, & les divers offices que nous avons administrés, ou affaires dont nous nous sommes meslez.

Le second, est de peser les pechez en eux-mesmes; combien est grande la déformité, & la malice de chacun d'eux en leur propre nature, quand mesme ils ne seroient pas deffendus.

Le troisiéme, est de me considerer moy-mesme; qui je suis, & quel je suis, en y ajoutant des exemples propres pour m'attirer a un plus grand mépris de moy-mesme; comme sont de penser à par moy, combien je suis peu de chose estant comparé avec tous les hommes ensemble; & puis, ce qu'est la multitude de tous les hommes, si on la compare avec les Anges, & tous les Bien-heureux. En outre, il faut prendre garde à ce que sont toutes les creatures en comparaison de Dieu, qui en est le Createur. Que puis-je donc estre moy seul, chetif homme? Enfin je considereray la corruption de tout ce que je suis; la malice de mon ame, la laideur de mon corps; & je m'estimeray semblable a un ulcere, ou une apostume, d'où une si grande corruption de pechez, & ordure de vices a coulé.

Le quatriéme, est de penser ce que c'est que Dieu que j'ay offensé de la sorte, & ramassant & comparant les perfections qu'on luy attribuë comme propres, avec mes vices, & mes défauts qui leur sont opposez: sçavoir, sa souveraine puissance, sa sagesse, sa bonté & sa Justice, avec mon extréme foiblesse, mon ignorance, ma malice & mon iniquité.

Le cinquiéme, est de m'escrier par l'effort d'une affection vehemente, en admirant comment les creatures (que je parcourreray en particulier) m'ont souffert
si long-

si long-temps, & conservé en vie jusqu'à maintenant! Comment les Anges qui portent le glaive de la Justice divine, m'ont supporté avec tant de douceur, gardé, & mesme assisté de leurs sufrages : comment les Saints ont intercedé pour moy: comme le Ciel, le Soleil, la Lune, & les autres astres : les élemens les animaux de toute sorte, & les plantes de la terre, m'ont servy, au lieu de me faire porter la vangeance qui m'estoit dûe; enfin comment la tere ne s'est pas ouverte pour m'engloutir, & n'a pas presenté mille enfers, où j'eusse souffert des supplices éternels.

Il faudra achever cette Meditation par un Colloque, en loüant la misericorde infinie de Dieu, en la remerciant de toute l'étenduë de nos forces : & apres avoir fait un propos de m'amender à l'avenir, je reciteray une fois le *Pater noster.*

LE TROISIE'ME EXERCICE,

Ne sera autre que la Répétition des deux premiers, avec trois Colloques.

Aprés l'Oraison Préparatoire, & les deux Préludes, il faudra répéter les deux Exercices précedens, en remarquant les Points, ou les endroits, ausquels on aura senty une plus grande consolation, desolation, ou autre affection spirituelle quelle qu'elle soit, pour s'y arrester plus long temps, & avec plus de soin, ou application d'esprit. Puis lors qu'il se présentera quelque émotion spirituelle, nous passerons aux Colloques suivans.

Le premier Colloque se fera à Nôtre Dame, Mere de Iesus-Christ, en luy demandant avec instance son intercession auprés de son Fils, & qu'elle nous obtienne la grace qui nous est necessaire pour trois fins. Premierement, afin que nous ayons une connoissance interieure, & une détestation de nos crimes. Secondement, afin qu'aprés avoir connû & détesté le desordre de nos actions, nous nous en corrigions, & nous reglions mieux nostre vie selon Dieu. Troisiémement, afin qu'ayant apperçu, & condamné la malice du monde, nous renoncions à ses mondanitez, & à ses vanitez, Ce qu'estant achevé on récitera *l'Ave Maria*.

Le second Colloque se fera semblablement à Iesus-Christ nostre Seigneur & Mediateur, afin qu'il nous

obtienne

de Saint Ignace.

obtienne ces mesmes choses de son Pere Eternel : & l'on ajoutera à la fin l'Oraison qui commence, *Anima Christi.*

Le troisiéme dans une mesme suite, se doit faire à Dieu le Pere, afin qu'il nous donne cette triple grace, & on l'achevera en récitant le *Pater noster.*

LE QUATRIE'ME

EXERCICE,

Se fait de la repetition du troisiéme.

CEtte repetition du troisiéme Exercice, se met comme une reprise des choses que l'on a meditées dans les Exercices précedens, pour les considerer, & goûter de nouveau, afin qu'en ayant un souvenir continuel, l'entendement raisonne sur elles sans estre exposé aux distractions. Et il faudra y ajoûter les trois mesmes Colloques.

In fine illorum inferi, tenebræ & poenæ. *Ecct. 21.*

MEDITATION
DES DOMMAGES Q'APPORTE
Le peché mortel.

LE 1. Prelude sera, de se representer le spectacle pitoyable de l'homme, auquel depuis la plante des pieds jusques au sommet de la teste, ne se trouve santé aucune, ains par tout son corps meurtry, & n'a que blessure, playe & tumeur.

Le 2. Prelude, demander grace à Dieu, qu'ayant vivement penetré la miserable condition du pecheur, & le dommage & le malheur que nous apporte le peché mortel, nous l'evitions sur toute chose.

Le 1. Point sera, considerer que l'entendement de l'homme est aveuglé par le peché : la raison est assujettie aux sens : la volonté est divertie des choses Divines, avec un desgoust des choses Spirituelles : les puissances naturelles perverties : les sentimens allechez par la sensualité sont depravez, & corrompus, le corps est rendu sujet à beaucoup de maladies, tout l'homme est privé de l'amitié de Dieu, de sa grace, de son secours singulier, & paternel : despoüillé des ornemens de toutes les vertus, desquelles il avoit esté enrichy comme enfant de Dieu : d'où s'ensuit qu'il ne demeure rien en luy qu'un horrible chaos & confusion, & un infame & puant bourbier : Tellement qu'estant par ce moyen constitué ennemy de Dieu,

E 3 privé

privé du soin & providence du Pere Eternel, effacé du nombre de ses enfans adoptifs, injustement & comme un larron, il s'usurpe l'usage & la jouyssance des biens de Dieu, ainsi que de la terre, de l'eau, & des autres creatures.

Le 2. Poinct, faudra considerer, qu'à raison du peché la synderese & le remors de conscience demeure en nos ames, qui tourmente & gehenne l'homme. Car le ver du pecheur ne meurt jamais, & par ainsi comme une mer courroucée il ne repose jamais : ains agité deçà, delà, d'un costé & d'autre, des flots & tempestes des continuelles tentations, & espoinçonné sans cesse des esguillons sensuels, comme un autre enfant prodigue, il se reduit à l'estable des pourceaux, où pensant & desirant remplir son ventre de leurs escorces & gousses, il meurt affamé de la pasture spirituelle de son ame : si que se liant & garottant plus estroittement de jour en autre avec les cordages & chaines de ses pechez, il s'achemine droit en Enfer, où estant arrivé, il se precipite luy mesme par le propre poids de ses iniquitez, dedans l'abysme des peines eternelles.

Le 3. Poinct, sera de contempler que l'homme qui est tombé au peché mortel, a comme foulé aux pieds le precieux Sang de Jesus-Christ nostre Seigneur, & n'a fait compte de ses playes, de sa mort ny de ses merites. Et ce qui augmente sa faute est, qu'il sçait asseurément que Dieu est present, & le void abusant de son ayde, de laquelle il a besoin en toutes ses fonctions, tant spirituelles que corporelles. Il change ses benefices

ces & dons de son bien-faicteur en dards & fleches ennemies : il contriste la tres-saincte Vierge, les Anges, & tous les Saincts, en tant qu'il est en son pouvoir, se prive de la gloire future, en fin par son mauvais exemple donne scandale & occasion de pecher à plusieurs.

Le 4. Poinct sera de considerer, que l'homme par le pechez mortel consommé non seulement par œuvre, ains encor par pensée, s'est acquis l'Enfer & la mort éternelle, perdant la gloire du Ciel & tout le droit qu'il avoit & pretendoit à la felicité perdurable : & par ainsi estant forclos & banny du Royaume des bien-heurex, despoüillé (miserable qu'il est) de l'amour de Dieu, sa souveraine beatitude & fontaine de tous biens, il est adjugé aux flammes éternelles, condamné à l'infame servitude, & tyrannie tres-cruelle des Demons, de laquelle il ne pourra jamais estre delivré par aucun secours humain ou Angelique.

Cette contemplation se finit par un ou plusieurs Colloques, apres lesquels on recitera le *Pater noster*.

QVA HORA NON PVTATIS *Luc 12*

EXERCICE
DE LA MORT.

L'Oraison Preparatoire, à l'accoustumée.

LE 1. Prelude : que je m'imagine vivement de me voir couché dans un lict abandonné des Medecins, sans aucun espoir de vivre plus long-temps.

Le 2. Prelude est, que je demande la grace à Dieu de ressentir maintenant les ennuys, regrets & fascheries qui ordinairement nous assaillent à l'heure de la mort, afin que dés cet instant je change ma vie, & mes mœurs en mieux, & de mesme façon qu'à cette heure-là je voudrois avoir fait.

Le 1. Poinct est, considerer que la mort est une perpetuelle privation de cette vie, des parens, cousins, alliez, amis & de toutes choses de ce monde, agreables & utiles, lesquelles nous aymons & affectionnons plus cherement, sans esperance de les pouvoir jamais revoir en cette vie. L'homme (dit Iob) aprés sa mort laissé tout nud, consommé & reduit en cendres, où est il, je vous prie ?

Le 2. Poinct, considerer la certitude de la mort, que l'on tire premierement du corps humain sujet à corruption, à cause du combat perpetuel des quatre qualitez & humeurs desquelles il est composé, & pour l'indisposition exterieure de l'air. Secondement, de l'ordonnance de Dieu, il est arresté (dit l'Apostre) que

tout

tout homme mourra une fois. Troisiesmement, de ce que la mort est la peine du peché. Par un homme (dit S. Paul) le peché est entré au monde, & par le peché la mort. Quatriesmement, par l'experience de tous ceux qui nous ont devancez depuis la creation du monde jusques à l'heure presente, jaçoit qu'excellents en saincteté de vie, doctrine, richesses, honneurs, grandeurs, &c.

Le 3. Poinct est, noter diligemment l'incertitude de la mort, à raison de l'aage, de l'heure, du lieu, & du genre de mort, comme de l'estat de salut ou de damnation auquel l'homme se trouvera. Combien penses-tu qu'il en meure à cette mesme heure, qui sont destinez aux peines éternelles ? Si maintenant il te falloit mourir, que penses-tu que tu deviendrois ? Que seroit-il fait de toy ? Examine soigneusement ces paroles de IESUS CHRIST. *Veillez, pource que vous ne sçavez à quelle heure nostre Seigneur viendra, &c. Soyez prests, car vous ignorez à quelle heure le fils de l'homme doit venir.*

Le 4. Poinct est, considerer ce qui doit arriver au corps, tant devant qu'après la mort. 1. Une incomparable douleur luy surviendra, causée par la longueur & griefveté de la maladie, & de la separation proche de l'ame d'avec le corps. 2. Les sens ne feront plus leur fonction. 3. L'horreur du trespuant sepulchre (representé aux yeux de l'esprit) auquel doit estre mis bien-tost son corps par ses plus cheris, à fin d'estre mangé des vers, & de peur que par sa puanteur il infecte l'air. Ce que le sainct Iob reconnoissoit fort bien, disant : *J'ay dit à la pourriture, Tu es mon pere & ma mere : & aux vers, Vous estes ma sœur.*

Le

de Saint Ignace. 75

Le 5. Poinct, il faut penser ce qui arrivera semblablement à l'ame devant & apres la mort. 1. Elle sera saisie de douleur tant pour ses pechez commis, que pour les biens obmis, comme aussi pour ce qu'il luy faut quitter tout ce qu'elle a eu de plus cher en ce monde. 2. Elle apprehendera fort le jugement particulier, se remettant devant les yeux la justice du Souverain Iuge, & la rigueur du dernier jugement universel. 3. Elle se trouvera en grande anxieté, pource qu'elle ne sçaura cognoistre si elle est encor en cette vie ou en l'autre, & par consequent s'il y a encor temps & moyen de faire penitence. 4. Elle ignorera les choses & façon de faire de l'autre vie. 5. Par l'apprehension du lieu obscur où la mort le conduira, le privant de cette lumiere (comme dit David) L'on m'a mis au lac inferieur, és lieux tenebreux & en l'ombre de la mort. Pour lesquelles causes la seule memoire de la mort semble amere, & la chose la plus terrible. 6. L'Ame se voyant separée d'avec le corps, s'estonnera par la nouveauté des choses qu'elle verra. 7. Elle sera saisie d'horreur, & d'effroy par la veuë de l'Enfer, & des demons, luy faisant reproche selon Isaye : Il fera venir devant toy des Geans pour t'espouvanter. 8. Elle sera pressée de desespoir, pource qu'elle n'appercevra aucun remede a son mal. De là vient que le Psalmiste dit, Le pecheur verra, &c. Il fremira des dents, & sechera de crainte.

Le Colloque à la fin selon l'affection qu'on sentira.

EXER.

quis poterit cogitare diem aduentus eius. *Malac. 3*

EXERCICE,

du Iugement.

L'Oraison Preparatoire, par laquelle nous demandons graces à nostre Seigneur, &c.

LE 1. Prelude est, s'imaginer de se voir en la vallée de Iosaphat, joignant la montagne des Olives.

Le 2. Prelude, Demander la grace de pouvoir apprehender la rigoureuse Iustice du Souverain Iuge, pour concevoir douleur & haine des pechez, avec un ferme propos de ne les commettre d'oresenavant.

Au 1. Poinct, il faut considerer que le jugement est la sentence inevitable, qui doit estre prononcée par IESUS CHRIST, tres-juste Iuge, contre les meschans, afin qu'ils soient punis, & en faveur des bons, pour estre salariez selon le merite ou demerite d'un chacun.

Le 2. Poinct est, Que le grand jugement sera devancé d'horribles signes au Ciel, aux Elemens, & aux hommes, qui secheront de crainte, & pour l'attente douteuse de ce qui devra arriver, & pour le subit changement de mœurs, & doctrine des hommes, quand l'Antechrist viendra : qui tâchera par tout moyen de faire en sorte que les Esleus mesmes soient induits en erreur. Apres cela surviendra tout à coup l'embrasement d'un feu horrible & espouvantable, qui ne pardonnera

donnera à homme qui vive, & qui sera si extraordinairement tres-actif, qu'il ruine tout: Car sainct Pierre dit, Que le feu doit tout consommer & reduire en cendres.

Le 3. Poinct, 1. Au commandement & à la voix de l'Archange avec la trompette effroyable de Dieu, tous les hommes refusciteront en tous les quartiers du monde: S. Ierofme l'apprehendoit si fort, que soit qu'il mangeast, soit qu'il beust, il croyoit tousiours d'entendre la trompette: faisant retentir à ses oreilles cette sentence effroyable, *Levez vous, morts, venez au jugement.* 2. Tous, tant bons que mauvais, seront congregez en la vallée de Iosaphat. 3. Par le ministere des Anges les bons seront separez d'avec les pervers. 4. Une si grande frayeur & crainte saisira les criminels, qu'ils desireront de se cacher, & diront aux montagnez, *Tombez sur nous*: aux colines, *Couvrez nous*: Item aux montagnes, & aux rochers, *Accablez nous, & cachez nous, afin que nous ne voyons la face de celuy qui est assis sur son Throne, & nous delivrez du juste courroux de l'Agneau.*

Le 4. Poinct, 1. Iesus-Christ nostre Seigneur viendra avec grande puissance & majesté, accompagné des Chœurs des Anges. 2. Le signe du Fils de l'Homme apparoistra au Ciel. 3. Toutes les nations de la terre meneront un grand dueil, lors qu'elles verront le mesme Iuge courroucé, tout prest pour chastier leurs forfaits.

Le 5. Poinct, l'Examen se fera 1. de tous pechez mortels & veniels, propres ou causez en autruy, manifestes,

festes, cachez, pensées, œuvres, paroles mesmes oisives.
2. Compte tres-estroit sera demandé des benefices, des charges & offices ausquels nous aurons esté employez : des talens donnez à un chacun suivant la Parabole de Iesus-Christ, nôtre Sauveur, tellement qu'il sera plus exigé qu'il aura esté receu. 3. Les Anges assembleront les accusations, la propre conscience sera manifestée à tous: les demons nous accuseront aussi, dit S. Augustin, & là sera recitée la formule de nôtre profession Religieuse ou Chrestienne. Là nous seront mis devant les yeux le jour & le lieu, auquel nous aurons delinqué, comme aussi le bien qu'estions obligez de faire en ce mesme temps.

4. On fera comparaison de ceux qui ont receu de grands dons avec les infideles & pecheurs, qui eussent mieux fait leur profit de semblables graces, si Dieu les leur eust departies, selon ce que dit nostre Seigneur: *Malheur à toy, Corozain: Malheur à toy, Bethsayda, pource que si autant de miracles eussent esté faits en Tyr, & en Sidon, que tu en as veu de tes yeux, ils se fussent revestus du cilice, couverts de cendre, & eussent fait penitence.*

5. La sentence sera fulminée contre les reprouvez: *Allez maudits au feu d'Enfer, qui est preparé pour le Diable, & ses complices, les mauvais Anges:* Au contraire, le Fils de Dieu prononcera ces douces paroles en faveur des esleuz: *Venez les bienheureux de mon Pere, possedez le Royaume qui vous a esté preparé dés la creation & constitution du monde.*

Le Colloque se fera selon l'affection d'un chacun. En fin, cét Exercice se terminera avec l'Oraison Dominicale, *Pater noster.*

Quis habitabit ex uobis cu ardorib' sepiter

LE CINQUIEME EXERCICE,

Est une Contemplation de l'Enfer.

Laquelle outre l'Oraison Préparatoire, & les deux Preludes, comprend cinq Points, & un Colloque.

L'Oraison Preparatoire, ne differe point de celle qui a précedé.

Le premier Prelude, qui est la disposition du lieu, est icy, de se mettre devant les yeux de l'imagination, la longueur, la largeur, & la profondeur de l'Enfer.

Le second, Consiste à demander une vive appréhension des peines que les damnez souffrent, afin que s'il m'arrive d'oublier l'amour que je dois à Dieu, je sois au moins retenu de pecher par la crainte du suplice.

Le premier Point, est de s'imaginer que l'on voit les vastes embrazemens des enfers, & les ames renfermées dans des corps de feu, comme dans des prisons.

Le second, est d'oüir par la force de l'imagination, les lamentations, les pleurs, les cris, & les blasphêmes qui s'elevent de la contre JESUS-CHRIST, & ses Saints.

Le troisiéme, est de flairer par un sentiment imaginaire de l'odorat, la puanteur de la fumée, du souffre, & de la pourriture tres-infecte de cette sentine.

Le quatriéme, d'y goûter semblablement des choses tres-ameres, comme les larmes, la moisissure, & le ver de conscience.

Le cinquiéme, de toucher en quelque façon ces feux, qui brûlent mesmes les ames par leur attouchement.

Pendant ces applications de nos sens aux peines de l'Enfer, lesquelles devront estre meslées de Colloques avec Iesus-Christ, il faudra se répresenter, que ces ames ont esté condamnées aux peines de l'Enfer, ou par ce qu'elles n'ont pas voulu croire l'advenement de Iesus-Christ, ou parce que l'ayant crû, elles n'ont pas vescu conformément à ses preceptes; soit avant que Iesus-Christ vint au monde, soit pendant qu'il y a vécu, ou depuis qu'il en est sorty. Enfin il faudra rendre de tres-grands remercimens au mesme Iesus-Christ, de ce que bien loin de permettre que je tombasse dans un semblable malheur, il m'a témoigné jusqu'à maintenant une souveraine douceur & misericorde. On finira en disant le *Pater noster*.

Si celuy qui donne les Exercices le juge expedient pour le bien de ceux à qui il les donne, il pourra ajoûter d'autres Meditations à celles-cy : comme de la Mort, des autres peines du peché, du Iugement, &c. Ce qu'il ne doit pas croire luy estre défendu, quoy que ces Meditations ne soient pas couchées icy par escrit.

Quant

de Saint Ignace. 83

Quant aux temps de faire les Exercices ou Meditations, il les faut partager de telle maniere, que le premier se fasse à minuit : le second le matin, aussitôt apres qu'on sera levé : le troisiéme avant ou apres la Messe, n'ayant pas encore disné : le quatriéme environ l'heure de Vespres : le cinquiéme une heure avant le souper. Et cette distribution de temps est commune à toutes les quatres semaines ; on la peut changer pourtant, & l'augmenter, ou diminüer, selon que l'âge, la disposition de l'esprit & du corps, où la complexion naturelle de chacun, l'aide à s'aquiter de tous les cinq Exercices.

Mercenarij in domo Patris abundant.
Luc. 15.

MEDITATION
DE L'ENFANT PRODIGVE,
en S. Luc. 15.

L'Oraison Preparatoire la mesme que tousiours.

LE 1. Prelude, Nous nous mettrons devant les yeux d'un costé le lieu où l'Enfant Prodigue (reduit à une extréme pauvreté) paissoit les pourceaux: de l'autre, le Palais où demeuroit son pere avec les siens, parmy l'affluence de tous biens.

Le 2. Prelude, Nous demanderons à Dieu, qu'il ne permette point que jamais plus nous l'abandonnions, apres qu'une fois il nous aura benignement restablis en sa grace & faveur.

Le 1. Point sera de considerer la grande difference qu'il y a entre la condition de ceux qui s'esloignent de Dieu, se repaissent de l'ordure de leurs pechez (qui est la mangeaille des pourceaux) & celle de ceux, qui depeschez de leurs offences, jouyssent de la grace de Dieu : ce qui s'entendra plus facilement de ce que l'Evangile raconte de l'Enfant prodigue, & principalement de ces paroles cy : *Combien y a il de serviteurs & mercenaires en la maison de mon pere qui ont du pain tout leur saoul, & moy je suis icy languissant de male faim ?*

Le 2. Point sera, de prendre garde quelle estoit la honte & confusion de cét enfant perdu, se souvenant d'une part de la clemence & liberalité de son Pere, qui luy avoit donné la portion de son bien: & de l'autre considerant sa propre ingratitude envers son pere. Confusion qui s'accreut merveilleusement, lors que ce pauvre miserable se vid si mal en ordre, & quasi tout nud, en la presence de son pere, lequel il voyoit bien autrement habillé qu'il n'estoit pas. Nous rapporterons cecy partie à Dieu, qui est nostre Pere, partie à nous qui sommes ses enfans.

Le 3. Point sera de peser la grande douceur du Pere envers son fils, qui de tant loin qu'il apperceut revenir à soy, fut esmeu de compassion, & luy accourant au devant, l'embrassa & le baisa. Ainsi se comporte Dieu en nostre endroit: Car il nous regarde de ses yeux de pitié, lors que nous sommes encore fort esloignez de luy, & meu de misericorde, nous prevenant de sa grace, nous embrasse benignement: & mettant en oubly nos pechez, nous reçoit à mercy. Partant il est raisonnable, que prosterné humblement devant luy, tu t'escries avec l'enfant Prodigue: *Mon Pere, j'ay peché contre le Ciel, & devant vostre face: maintenant je ne suis pas digne d'estre appellé vostre fils.*

Le 4. Point sera, de considerer que la benignité du pere a esté si grande, que non seulement il a receu son fils, mais encor l'ayant remis en l'estat duquel il estoit décheu, il l'a fait revestir de ses premiers habillemens, parer de la bague & le chausser, c'est à dire, orner de la grace & autres siens dons, mesmement pour faire paroistre la grande joye de son ame, & la resiouissance de toute sa famille, il luy a dressé un banquet

d'un

d'un veau gras, choisi entre tous ceux de son troupeau ; Lequel banquet nous interpreterons tres à propos du Saint Sacrement de l'Autel, où nous sommes refectionnez du corps & sang de Iesus-Christ.

Le Colloque sera, que parlant avec Dieu, tu admires sa grande bonté envers toy, quoy que tu en sois tres-indigne, luy demandant que c'est qu'il a trouvé en toy qui l'a esmeu à t'embrasser si misericordieusement. Doncques tu rendras graces infinies à un si bon Pere, & luy feras cette requeste : qu'il ne permette qu'ayant esté une fois receu en sa maison & en son heritage, tu te retires jamais plus de luy. A la fin il faut dire le *Pater noster.*

ADDITIONS,

Pour mieux faire les Exercices, & qui sont fort utiles pour obtenir ce que l'on y desire.

LA premiere est, Qu'apres que je me seray couché, je pense avant que de m'endormir, l'espace d'un *Ave Maria,* l'heure qu'il faudra me lever, & que je repasse briévement par mon esprit, les points de l'Exercice que je devray faire.

La seconde, Qu'aussitôt que je seray éveillé, je chasse toute autre pensée, & j'aplique mon esprit à ce que je dois méditer au premier Exercice qu'il me faut faire à minuit : Et que pour me donner plus de honte & de confusion, je me propose cet exemple, comment un soldat comparoîtroit devant son Roy &

toute sa Cour, avec quelle honte, peine d'esprit & confusion, ayant esté convaincu d'avoir offensé griévement sa Majesté, aprés en avoir receu plusieurs grands & signalez bienfaits. De mesme au second Exercice, en me souvenant combien j'ay offensé Dieu, je me figureray que je suis chargé de chaisnes, pour estre incontinent presenté devant le Iuge Souverain, comme un scelerat, que l'on conduit au tribunal du Iuge les fers aux pieds. Ie m'habilleray donc en m'entretenant de ces pensées, ou d'autres approchantes du sujet que je dois mediter.

La troisiéme, Qu'estant éloigné d'un ou de deux pas du lieu où je dois mediter, je m'arreste un peu l'espace d'un *Pater*, en élevant mon esprit au Ciel, à considerer Iesus mon Sauveur, present, qui me voit, & prend garde à ce que je vas faire; apres quoy je devray luy faire en toute humilité une profonde reverence.

La quatriéme, Que je commence la Meditation tantôt courbé & prosterné à terre, ou penché en arriere; tantôt assis, ou debout; en me mettant en la posture que j'espere me pouvoir ayder à obtenir plus aisément ce que je desire. Où il faut remarquer ces deux choses. La premiere, que si estant à genoux, ou en quelqu'autre situation que ce soit, je viens à bout de ce que je pretends, je ne dois rien chercher d'avantage. La seconde, que je dois m'arrester au point où j'auray trouvé la devotion que je cherche, sans me mettre en peine de passer à un autre, jusqu'à ce que je m'y sois satisfait.

La

de Saint Ignace. 89

La cinquiéme, Qu'ayant achevé mon Exercice, je considere à par moy, estant assis ou me promenant, environ l'espace d'un quart d'heure, comment ma Meditation ou Contemplation a reüssy : & si le succez a esté mauvais, que j'en recherche les causes avec repentir de ma faute, & propos de m'en corriger : si au contraire il a esté bon, que j'en remercie Dieu, & que je me resolve de garder la mesme methode aux autres Exercices.

La sixiéme, Que j'esloigne de moy les pensées, qui donnent de la joye, comme celle de la glorieuse Resurrection de Iesus-Christ ; parce que toutes ces sortes de pensées empeschent les larmes & la douleur de mes pechez, que je dois maintenant procurer. Et je m'occuperay plutôt au souvenir de la mort, & du Iugement.

La septiéme, Que pour la mesme raison, je me prive de toute clarté, en fermant la porte & les fenestres, pendant le peu de temps que je seray là ; excepté lors qu'il me faudra lire, ou prendre ma réfection.

La huitiéme, Que je m'abstienne principalement de rire, & de proferer des paroles qui y excitent.

La neufiéme, Que je n'arrête mes yeux sur personne, si ce n'est qu'il faille saluer quelqu'un, ou prendre congé de luy.

La dixiéme, Que j'accompagne mes Exercices de quelque satisfaction, ou pénitence, laquelle se divise en interieure, ou exterieure. L'interieure est la douleur des pechez que nous avons commis, avec un ferme propos de nous garder à l'advenir tant de ceux là,

F 5 que

que de tous les autres. L'exterieure est le fruit de l'interieure; sçavoir le chaftiment des fautes commifes, qui fe peut pratiquer principalement en trois façons. Premierement au vivre, en retranchant quelque chofe, non feulement des alimens fuperflus (car cela appartient à la temperance, & non pas à la penitence) mais auffi de ceux qui femblent convenables pour l'entretien du corps. Ce que l'on fait d'autant mieux, que plus on en retranche, en prenant garde pourtant que la complexion n'en foit ruinée, ou trop abbatuë, & affoiblie. Secondement, au dormir, & au coucher; n'en rejettant pas feulement toute délicateffe, mais encore la commodité, tant qu'on pourra le faire fans intereffer notablement fa fanté. C'est pourquoy il ne faut rien ofter du fommeil neceffaire, fi ce n'eft fort peu, afin de réduire à une jufte moderation la couftume de trop dormir, fi elle eftoit trop grande en quelqu'un. Troifiémement de la douleur par des cilices, des cordes, ou des chaifnes de fer, que l'on portera; des difciplines que l'on fera, ou par d'autres fortes d'aufteritez que l'on pratiquera. Efquelles il femble toutefois plus expedient, que le fentiment de la douleur ne foit qu'en la chair, fans penetrer jufqu'aux os avec danger de fe faire malade. Et pour cela nous nous fervirons principalement de difciplines faites de cordelettes, qui caufent de la douleur aux parties exterieures, fans penetrer les interieures jufqu'à pouvoir caufer des maladies.

De plus il faut remarquer ces quatre choses.

La premiere, touchant la pénitence. Que l'usage ou l'effet de la pénitence exterieure, est triple; Sçavoir pour satisfaire quelque peu pour les pechez passez; pour se vaincre soy-mesme, en assujétissant davantage la partie inferieure, que l'on nomme la sensualité, à la raison : Enfin pour chercher & obtenir quelque grace que nous desirons, comme une grande contrition de nos pechez, ou une abondance de larmes, soit pour nos pechez, soit pour les peines & les douleurs de la Passion de Iesus-Christ, ou l'éclaircissement de quelques doute qui nous travaille.

La seconde, Que les deux premieres Additions ne sont que pour les Meditations qui se font à minuit, & au point du jour: & que la quatriéme ne se doit jamais pratiquer dans l'Eglise, ny devant le monde, mais seulement à la maison, & en secret.

La troisiéme. Que lors que celuy qui fait les Exercices ne peut estre touché comme il desire, soit de douleur, soit de consolation, il est bon qu'il change quelque chose en son vivre, en son dormir, & aux autres sortes de pénitences ; en sorte qu'il en fasse une pendant trois jours, puis la laisse les deux ou trois jours suivans, selon qu'il aura besoin de faire plus ou moins de penitence. De plus, parce que souvent nous laissons ces pénitences par affection sensuelle, ou par quelque erreur de jugement, nous persuadant que nostre complexion naturelle ne sçauroit les porter

sans

sans notable interest de sa santé : & au contraire nous excedons quelque fois dans les pénitences, en nous fiant trop sur les forces de nostre corps ; il arrive souvent que lors qu'on change les pénitences en la maniere que nous avons dit, en les prenant, & en les laissant de fois à autre, que notre tres-benin Seigneur, qui connoist parfaitement nostre nature, fait voir à un chacun, ce qui luy est plus utile.

La quatriéme, Qu'on fasse l'Examen particulier, afin de se garder des fautes & des négligences qui ont coustume de se glisser parmy les Exercices, & les Additions; ce qu'il faudra observer aussi pendant les trois semaines suivantes.

Exeam? adeuextra castra impropiu ei portantes.
Hebr. 13.

LA SECONDE SEMAINE.

CONTEMPLATION DV ROYAVME DE JESVS-CHRIST.

Par la ressemblance d'un Roy de la terre, qui appelle ses sujets à la guerre.

L'Oraison preparatoire, se fera à l'accoutumée.
 Le premier prelude, pour la disposition du lieu, sera de nous imaginer que nous voyons les Synagogues, les Villages, & les Bourgs où Iesus preschoit en passant, & ainsi des autres lieux.
 Le second, qui se rapporte à demander la grace, sera en cét endroit, de demander à Dieu, que nous ne fermions pas les oreilles a l'appel de Iesus-Christ, mais que nous soyons prompts a le suivre, & a luy obeyr.
 Le premier Point, est de me representer un Roy de la terre, choisi de Dieu, a qui les Princes, & tous les peuples

peuples Chrétiens doivent rendre leurs respects, & leurs services.

Le second est, de m'imaginer que j'entends ce Roy parler ainsi a tous ses sujets : J'ay dessein d'assujetir a ma domination tous les païs des infidelles ; Et partant ceux qui veulent m'accompagner, doivent estre prests a n'avoir point d'autre vivre, d'autre vestement, ny d'autre équipage, que celuy qu'ils me verront avoir: Il faudra aussi qu'ils supportent constamment avec moy les mesmes travaux, les mesmes veilles, & tous les autres accidens, ausquels je m'exposeray, afin que chacun ait part a la victoire & au bon-heur, selon qu'il aura esté compagnon de mes peines, & de mes fatigues.

Le troisiéme est, de considerer ce que des sujets fidelles, sont obligez de répondre a un Roy, qui leur témoigne autant d'amour & de liberalité que celuy-là ; & avec quelle promptitude ils doivent s'offrir à tout ce qu'il voudra leur ordonner. Au contraire, quel blasme ne meriteroit pas devant tous les hommes, & combien seroit estimé lâche, celuy qui ne luy obeïroit pas.

La seconde partie de cét Exercice, consiste a comparer la ressemblance du Roy, que l'on vient de se representer, avec Notre Seigneur Iesus-Christ, aux trois Points susdits.

Premierement, nous en apliquerons ainsi l'exemple. Si ce Roy de la terre merite qu'on l'écoute, & qu'on luy obeïsse, dans l'invitation qu'il fait a la guerre; a combien plus forte raison, Iesus-Christ Roy éternel,

nel, qui est exposé aux yeux de tout le monde, ne le merite-t'il pas dans l'appel qu'il fait a soy de tous les hommes par ces paroles ; Ma tres-juste volonté est celle-cy, de me rendre maistre de tout le monde, d'atterrer tous mes ennemis, & d'entrer ainsi finalement, dans la gloire de mon Pere. C'est pourquoy il est necessaire, que quiconque voudra entrer avec moy dans cette gloire, travaille aussi avec moy, parce que la récompense égalera le travail.

Secondement, nous infererons que personne de bon sens ne doit manquer de s'offrir, & de s'attacher entiérement, & de tres-grand cœur à Iesus-Christ.

Troisiémement, il faudra porter ce jugement, que ceux qui auront résolu de se consacrer a son service, sans aucune reserve, ne devront pas s'offrir seulement a endurer des travaux, mais encore a des entreprises plus grandes & plus excellentes, aprés qu'ils auront domté la révolte de la chair, & de l'amour propre avec celuy du monde. D'où vient que chacun respondra en cette maniere. Voicy, ô Roy Souverain, & Seigneur de toutes choses, que moy tres-indigne a la verité ; mais neantmoins m'appuyant sur votre grace, & sur votre secours, je m'offre totalement a vous, & je soumets a votre volonté tout ce qui m'appartient : Protestant devant votre infinie bonté, & en présence de la glorieuse Vierge votre Mere, & de toute la Cour Celeste, que mon dessein, mon desir, ma résolution tres-constante, & asseurée, est de vous suivre (pourveu que ce soit au plus grand avancement de votre gloire, & du service que je vous dois)

G

le plus prés que je pourray, & de vous imiter en la souffrance des injures & de toute sorte d'adverfitez, avec une vraye pauvreté tant d'esprit, que de renoncement effectif a tous les biens: fi, dis-je, il plaist a votre tres-sainte Majesté, de me choisir & de m'appeller a cette sorte de vie.

Cét Exercice se fera deux fois en mesme jour, sçavoir le matin aussi-tôt que nous serons levez, & une heure avant le disner, ou le souper.

Pendant cette Semaine, & les suivantes, il sera bon de lire par fois quelque chose de l'Evangile, ou de quelque livre de devotion, comme est celuy de l'Imitation de Iesus-Christ, de la Vie des Saints, & autres semblables.

LA PREMIERE MEDITATION DU PREMIER JOUR, SERA DE L'INCARNATION DE IESVS-CHRIST,

Et elle comprendra l'Oraison préparatoire, trois Préludes, trois Points, & un Colloque.

L'Oraison Preparatoire, ne differe point des précedentes.

Le premier Prelude, est de mettre en avant (c'est à dire se répréfenter) l'histoire de la chose que l'on doit contempler; laquelle sera icy, comme les trois Personnes divines, voyant la surface de toute la terre, remplie d'hommes qui descendoient aux enfers, arrestérent dans l'éternité de leur divinité, que la seconde personne uniroit à soy personnellement la nature humaine pour le salut du genre humain. C'est pourquoy le temps qu'elles avoient déterminé estant venu, l'Archange Gabriel est envoyé comme Ambassadeur a la bien-heureuse Vierge Marie, en la maniere qu'il sera dit plus bas, en la page 173.

Le second, regarde la disposition du lieu, qui sera une représentation imaginaire, de mesme que si le rond de toute la terre, qui est habité par tant de nations differentes, estoit exposé a nos jeux, & que dans une certaine partie du monde, l'on voyoit dans Nazareth en la Province de Galilée, la petite maison de la Vierge.

Le troisiéme, renferme la demande de la grace qui me fasse connoître a fond, comment le Fils de Dieu s'est fait homme pour moy, afin que je l'ayme avec plus de ferveur, & que je le suive desormais avec plus de soin.

Il faut remarquer, que pendant toute cette semaine, & les autres qui suivent, on fait toujours l'Oraison préparatoire, & trois Préludes; & que les seuls Préludes se changent, selon que les matiéres qu'on doit méditer, sont différentes.

Le premier Point est, que je considere toutes les personnes dont il s'agit. Sçavoir premierement, les hommes, qui demeurent sur la terre, avec une aussi grande difference qu'ils ont entr'eux, en mœurs, en gestes, en actions; les uns blancs, les autres noirs; les uns joüissans de la paix, les autres troublez de la guerre; celuy-cy pleurant, & celuy-là riant; l'un sain, l'autre malade; plusieurs qui naissent, plusieurs aussi qui meurent; & leurs autres diversitez presque innombrables.

Aprés il faudra contempler les trois Personnes divines, arrestées a voir de leur Thrône Royal, toutes sortes d'hommes vivans sur la terre, comme des aveugles, & mourans de tous costez, & descendans en enfer. En suitte nous considererons la Vierge Marie, avec l'Ange qui la saluë, en refléchissant toujours de la

quelque

quelque chofe fur nous, afin de tirer du profit de ces confiderations.

Le fecond Point eft, d'écouter par l'oüye intérieure, les paroles que toutes ces perfonnes difent : Les hommes, par exemple, qui s'entretiennent de bagatelles fur la terre, qui blafphement, & qui s'outragent les uns les autres : Les perfonnes divines qui parlent enfemble dans le Ciel, du genre humain, qu'elles veulent rachetter: La Vierge & l'Ange, qui traittent dans une chambrette du Myftere de l'Incarnation. Et je m'eftudieray a receüillir quelque fruit de toutes ces paroles, par la reflexion ou application que je m'en feray.

Le troifiéme en fuite, fera de prendre garde femblablement aux actions des perfonnes. Sçavoir comme les hommes fe font de la peine, fe tourmentent, fe tuent les uns les autres, & tous font precipitez dans les enfers. Comme la Tres-fainte Trinité éxecute l'ouvrage de l'Incarnation: Comme l'Ange s'aquitte auffi de fon ambaffade; Et la bien-heureufe Vierge, en fe comportant avec une humilité tres profonde, remercie la divine Majefté. De toutes lefquelles chofes réfléchies fur nous, de la façon qui a efté dite, il faudra retirer quelque fruit en paffant.

Enfin j'adjoûteray un Colloque aprés avoir foigneufement recherché des termes, avec lefquels je pourray parler dignement a chaque perfonne divine, au Verbe Incarné, & a fa Mere ; demandant auffi felon l'affection que je fentiray dans moy, tout ce qui m'aydera a imiter plus parfaitement mon Seigneur IESUS CHRIST, comme s'il ne faifoit que de naître. A la fin on recitera le *Pater nofter.*

Aut Xpus fallitur, aut mundus errat. *B et Nat.*

SECONDE
CONTEMPLATION
DE LA NATIVITÉ.

L'Oraison Preparatoire, comme auparavant.

Le premier Prelude, dépend de l'histoire, laquelle il faudra prendre depuis la sortie de la bien-heureuse Vierge du Bourg de Nazareth ; sçavoir, comme estant déja grosse de neuf mois, & portée sur une anesse (ainsi qu'on peut méditer pieusement) accompagnée de Joseph, d'une petite servante, & d'un bœuf, ils allerent en Bethléem, afin de payer pour eux le tribut que Cesar exigeoit.

Mais le second, devra estre tiré de la consideration du chemin, en s'en répresentant la longueur, les destours, la douceur, ou la rudesse qu'ils rencontroient de tous costez : & en remarquant soigneusement le lieu de la Nativité semblable à une caverne, longue ou étroite, platte ou élevée, bien ou mal préparée.

Le troisiéme, ne differera point du Prélude de la Meditation qui a précedé.

Le Premier Point, est de regarder les personnes, sçavoir la Vierge Mere de Dieu, Joseph son Espoux, la servante, & Iesus-Christ Notre Seigneur, comme un enfant qui ne vient que naître ; parmy lesquelles je me répresenteray que je suis comme un pauvre, qui leur rend service dans leurs necessitez avec un profond respect. Je prendray garde apres cela au profit, que je puis tirer d'un tel spectacle.

Le second, se prend de la connoissance utile des paroles qui se disent-là.

Le troisiéme, de la vûe des choses qui se passent là-mesme ; par exemple, du chemin, des travaux, & des raisons pourquoy le souverain Seigneur de toutes choses est nay dans une extréme indigence, à dessein de soufrir pendant cette vie avec une perpetuelle pauvreté, les travaux, la faim, la soif, le chaud, le froid, les opprobres, les foüets, & de mourir enfin sur une croix, & cela pour moy. De toutes lesquelles choses prises en particulier, je m'efforceray de recuëillir quelque profit spirituel. Et le tout devra estre achevé par un Colloque que l'on fera, & par le *Pater noster*, que l'on recitera.

LA TROISIE'ME
CONTEMPLATION,
Est la répétition des deux précedentes.

POur le troisiéme Exercice, ou la troisiéme contemplation, l'on reprend les deux precedentes avec l'Oraison préparatoire, & les trois mesmes Préludes : en remarquant par tout, & traittant avec plus d'application d'esprit, les parties, où, dans la premiere

de Saint Ignace.

miere Confideration qui en a efté faite, l'on aura receu quelque illuftration, confolation, ou défolation. On adjoûtera auffi un Colloque avec l'Oraifon Dominicale, comme auparavant.

Il faut remarquer, que la maniére, & l'ordre de repeter l'Exercice que l'on aura fait, eft le mefme en cette femaine & aux deus fuivantes, qui a efté gardé en la prémiere: fi ce n'eft que l'on y change la matiére, en y obfervant la mefme forme.

LA QUATRIE'ME
CONTEMPLATION,

Eſt une repriſe de la répétition qu'on a faite de la prémiere & feconde Contemplation, laquelle eſt entiérement conforme à la précédente.

LA CINQUIE'ME
CONTEMPLATION,

Eſt l'Application des ſens ſur les ſuſdites.

Apres l'Oraifon Préparatoire, & les trois Préludes déja expofez, il fera fort utile d'appliquer les cinq fens de l'imagination fur la premiére & feconde Contemplation, en la maniére fuivante, felon que la matiére le permettra.

Le

Le premier Point, sera de voir toutes les personnes des yeux de l'imaginatiō, & aprés avoir remarqué les circōstances qui les touchent, d'en retirer notre profit.

Le second est, de s'imaginer qu'on oyt les paroles que ces personnes disent, ou qu'il est bien seant qu'elles disent, & de profiter de toutes.

Le troisiéme, de gouster, & de flairer par le goust, & par l'odorat interieur, combien grande est la suavité, & la douceur d'une ame remplie des dons de Dieu, & des vertus, selon l'état de la personne que nous considerons; en nous appliquant ce qui pourra nous apporter quelque profit.

Le quatriéme, de manier par le toucher interieur, & de baiser les habits, les pas & les autres choses qui ont de la liaison avec les personnes, & d'où nous pourrons croistre en dévotion, & en quelque autre bien spirituel que ce soit.

On finira cette Contemplation comme les précedentes, par un Colloque & par le *Pater noster*.

CINQ

REMARQVES

à faire, outre ce qui a esté dit.

La premiere, Qu'en cette semaine, & en chacune des suivantes, je ne dois lire, ny penser à autre mystere qu'à celuy que je dois considerer à l'heure présente, ou le mesme jour; parce qu'autrement l'un détourne de l'autre.

La

de Saint Ignace. 109

La seconde, Que le premier Exercice de l'Incarnation, se fait à minuit: le second, de grand matin: le troisiéme, vers l'heure de la Messe; le quatriéme, sur le temps de Vespres; le cinquiéme, un peu avant le souper, & l'on employera une heure à chacun. Ce que l'on observera toujours desormais par tout.

La troisiéme, Que si celuy qui fait les Exercices est vieil, ou affoibly par la premiere semaine, il est plus à propos qu'il desiste quelque fois de se lever à minuit, & qu'il se contente de ne faire que trois Contemplations; l'une au point du jour, l'autre vers le temps de la Messe, & la troisiéme avant le disner; en y adjoutant sur l'heure de Vespres, une répétition; & l'application des sens avant le souper.

La quatriéme est, Que pendant cette seconde semaine, il faut des dix Additions exposées en la premiere semaine, page 83. changer la seconde, la sixiéme, la septiéme, & une partie de la dixiéme. Car ce que l'on change en la seconde, est qu'aussitost que je me réveille le matin, je dois me représenter la Meditation que je suis prest de faire, & exciter en moy le desir de connoître plus clairement le Verbe Incarné, afin que je le serve & que je m'attache à luy avec une affection d'autant plus grande, que j'auray reconnû que sa bonté envers moy est plus incroyable.

Quant à la sixiéme, je dois repasser souvent par ma memoire, la vie Iesus-Christ, depuis le temps de son Incarnation, jusqu'à l'endroit ou le mystere, que je devray méditer au jour, ou à l'heure présente.

Pour la septiéme, je me plairay a la lumiere ou a l'obscul'obscurité, au temps serain ou à celuy qui est chargé de nuées, selon qu'il m'aydera à parvenir au but de la chose que je desire.

Sur la dixiéme, je me comporteray selon que demande la matiére que je dois mediter ; car il y a quelques mysteres qui veulent qu'on fasse des pénitences ; & il y en a d'autres qui n'y portent pas. C'est pourquoy il faudra se servir des dix Additions avec circonspection.

La cinquiéme & derniere remarque est, qu'en tous les Exercices des autres heures (excepté ceux de minuit, & du point du jour) il faudra prendre quelque chose qui soit de la mesme force que la seconde & la troisiéme Addition, en cette maniere ; Dés que je me souviendray que l'heure de faire ma Méditation est venuë, avant que de m'y appliquer, je regarderay comme de loin, où je vas, & devant qui je comparoîtray : puis, quand j'auray parcouru légerément une partie du présent Exercice, je commenceray la Meditation sans la differer davantage.

AU SECOND JOUR.

Le sujet de la premiere, & seconde Contemplation, sera la Présentation de Iesus-Christ au Temple, de laquelle voyez la page 183. Et sa fuite en Egypte, que vous trouverez en la page 185.

Sur ces deux Contemplations, on fera deux répétitions, & l'application des sens, comme cy-dessus.

Il faut remarquer, Qu'il est parfois expedient, que celuy qui fait les Exercices, quoy que fort de corps & d'esprit,

de Saint Ignace. 111

d'esprit, se relâche neanmoins un peu dans les Exercices qu'on luy prescrit en cette seconde semaine, & aux deux suivantes, afin qu'il puisse obtenir avec plus de commodité ce qu'il souhaitte : en prenant seulement une Contemplation à l'aube du jour, & une autre vers le temps de la Messe ; desquelles il fasse la répetition à l'heure de Vespres, & l'application des cinq sens de l'imagination vers le temps du souper.

LE TROISIE'ME JOUR.

On méditera la maniére que IESUS encore enfant, estoit sujet à ses parens dans sa demeure de Nazareth, comme il est déclaré page 187. & puis comme il fut trouvé par eux dans le Temple. Voyez-le en la page 188. On fera aussi deux répétition avec l'application des sens.

PRELVDE

Sur la Consideration des estats, ou genres de vie differens.

L'Exemple de IESUS-CHRIST, ayant esté représenté aux Exercices précedens, comme un modelle de l'état ou genre de vie qui s'arreste a l'observance des commandemens de Dieu, & qui peut estre nommé l'estat commun; maintenant le mesme Seigneur, lors qu'on dit qu'il a esté sujet à ses parens, semble nous exposer un autre genre de vie, ou un second estat qui dépend de l'obeïssance, & apporte avec soy la perfection

fection Evangelique ; fçavoir , lors qu'il eft allé au Temple, ayant quitté fon pere nourricier,& fa veritable Mere , afin de vacquer au fervice de fon Pere. C'eft pourquoy il fera fort à propos, qu'en cet endroit, fur la vuë que nous aurons de fa vie, nous recherchions & demandions inftamment un genre de vie qui nous foit propre, dans lequel fa Majefté aymera mieux que nous la fervions.

Or nous pouvons eftre préparez, & comme introduits à cette recherche par l'Exercice qui fuit immédiatement ; en prenant bien garde au deffein de Iesus-Christ , comparé avec celuy de Sathan, qui luy eft oppofé. Nous y apprendrons auffi en fuite , quelle difpofition nous eft neceffaire pour arriver à la perfection de l'eftat, que la bonté divine nous infpirera de choifir.

LE

Eligite hodie cui servire potissimum debeatis
Ios. 24

LE QUATRIEME JOUR
ON FERA
LA MEDITATION
DES DEUX
E'TANDARTS,

L'un de IESUS CHRIST *noſtre tres-bon Roy, & l'autre de Lucifer noſtre capital ennemy.*

L'Oraiſon Preparatoire ſe fait à l'accouſtumée.
    Le premier Prelude, ſera une conſideration hiſtorique de IESUS-CHRIST d'une part, & de Lucifer de l'autre, qui appellent chacun de ſon coſté, les hommes à eux, pour s'enrooller ſous leur Etandart.
    Le ſecond, Pour la diſpoſition du lieu, ſera de nous repreſenter une vaſte campagne aux environs de Jeruſalem, où noſtre Seigneur IESUS-CHRIST, comme ſouverain conducteur de tous les gens de bien, s'eſt rendu: & d'autre part une campagne proche de Baylone, où Lucifer ſe montre, comme le capitaine des méchans, & des ennemis de Dieu.
    Le troiſiéme, pour la demande de la grace, ſera celuy cy, de ſupplier que nous connoiſſions les tromperies du mauvais capitaine, implorant auſſi

le secours de Dieu pour les éviter : & de connoistre au contraire l'ingenuité des mœurs du veritable, & tres-bon Empereur Iesus-Christ, afin de les imiter par la grace qu'il nous en fera.

Le premier Point est, de m'imaginer que je vois de mes yeux dans le champ de Babylone, assis sur une chaire de feu, & noircie de fumée, le chefs des impies, terrible de visage, & horrible à voir.

Le second est, de prendre garde, comme ayant assemblé un nombre presqu'infiny de démons, il les répand sur tout le monde pour nuire, sans excepter aucune Ville, ny lieu, ny sorte de personnes.

Le troisiéme est, de remarquer la harangue qu'il fait à ses Ministres; qui est de prendre & tendre des lacets, & des chaînes afin d'attirer les hommes, prémiérement à la convoitise des richesses (ce qui arrive presque toujours) d'où aprés ils puissent estre précipitez avec plus de facilité dans le gouffre de l'ambition des honneurs du monde & de l'orgueil.

Et par ce moyen il y a trois principaux dégrez de tentations, fondez sur les richesses, sur les honneurs & sur l'orgueil, d'où l'on est précipité dans toutes les autres sortes de vices.

A l'opposite il faudra semblablement considerer nostre Souverain, & tres-bon Capitaine & Empereur Iesus-Christ.

Le premier Point, sera de regarder Iesus-Christ dans un champ agreable proche de Ierusalem, assis à la verité dans un lieu bas, mais fort beau de visage, & souverainement aymable à voir.

de Saint Ignace. 117

Le second est, de contempler comme le Seigneur mesme de tout l'univers, envoye par tout le monde les Apostres qu'il a choisis, ses Disciples, & ses autres Ministres, pour communiquer sa doctrine sacrée & salutaire aux hommes de toute sorte d'estats, & de conditions.

Le troisiéme est, d'escouter la harangue, & l'exhortation qu'il fait à tous ses serviteurs & amis, qu'il a destinez à cette entreprise ; par laquelle il leur commande de s'efforcer d'aider un chacun, & de commencer par le soin de les induire à la pauvreté d'esprit, & de plus (si la consideration du service de Dieu, & l'inspiration du Ciel les y porte) à embrasser effectivement la pauvreté réelle; puis de les attirer au desir des opprobres, & du mespris, d'où la vertu d'humilité prend sa naissance. Et ainsi s'élevent trois dégrez de perfection, sçavoir la pauvreté, le ravalement de soy-mesme, & l'humilité, qui sont diametralement opposez aux richesses, à l'honneur, & à l'orgueil, & qui donnent entrée à toutes les vertus.

Aprés, il faudra faire un Colloque à la bien-heureuse Vierge, & implorer par elle de son Fils la grace que je puisse estre receu, & demeurer sous son estandart; & cela premiérement par la seule pauvreté d'esprit, ou mesme par celle qui consiste au dépoüillement de toutes choses (si neanmoins il daigne m'y appeller, & m'y recevoir) puis aussi par l'abjection & l'ignomine, afin de l'imiter de plus prés ; desavoüant le peché d'autruy, de peur que le mépris qu'on fera de moy, ne tourne au détriment de quelqu'un, & à l'offen-

H 3 se

se de Dieu. Le premier Colloque s'achevera par *l'Ave Maria*.

Le second Colloque s'addresse à IESUS-CHRIST homme, afin qu'il m'obtienne ces mesmes choses de son Pere. Et on adjoutera à la fin l'Oraison *Anima Christi*.

Le troisiéme à Dieu le Pere, afin qu'il accorde la demande; avec le *Pater noster*.

Cét Exercice se fera une fois à minuit, & une autre fois à la pointe du jour. Les deux répétitions se feront vers les temps de la Messe du matin, & de Vespres, en y ajoutant les trois Colloques. Mais l'Exercice suivant se fera avant le souper.

SEQVAR TE QVOCVMQVE IERIS. *Matt. 8.*

de Saint Ignace.

MEDITATION
QVE L'ON FERA CE MESME QUATRIEME JOUR,

Des trois Claßis ou differences d'hommes, afin que nous embraßions le meilleur party.

L'Oraison Preparatoire est comme elle a toujours esté cy-devant.

 Le premier Prelude, se fera en se représentant par forme d'histoire, trois Classes d'hommes distinctes, dont chacune a acquis dix mille ducats, par des moyens que le culte, & l'amour de Dieu ne permet pas: Mais elle veut maintenant appaiser Dieu, & se sauver, en quittant de quelque façon que ce soit, l'attache vicieuse qu'elle a à ce bien, comme estant un empeschement du salut.

 Le second, est une disposition imaginaire du lieu, où je me voye présent & persistant devant Dieu, & tous les Saints, avec desir de connoître comment je pourray me rendre plus parfaitement aggreable a Dieu.

 Le troisiéme, est la demande de ce que je desire; sçavoir de la grace, par laquelle je fasse choix de ce qui sera le plus aggreable à Dieu, & le plus salutaire pour moy.

La premiere Claſſe, deſire donc à la verité de renoncer à l'attache qu'elle a au bien acquis, afin de ſe reconcilier avec Dieu ; mais elle n'uſe pas juſqu'à l'heure de ſa mort, des moyens, & des aydes neceſſaires pour cela.

La ſeconde auſſi ſouhaite de renoncer à l'affection deſordonnée ; mais neantmoins elle eſt abſolument reſoluë à retenir le bien ; & elle veut tirer Dieu à ſa reſolution, plutôt que d'aller à luy par une diſpoſition plus convenable, qui eſt de quitter l'empeſchement.

La troiſiéme finalement, en voulant renoncer à l'affection deſordonnée, eſt également preſte à quitter ou à retenir la choſe, ſelon qu'elle aura connû (ou par l'inſpiration de Dieu, ou parce que la raiſon luy enſeignera) qu'il eſt plus expedient pour le ſervice de Dieu. Et cependant elle laiſſe tout au meſme eſtat, & elle ne penſe, ny ne recherche, n'y n'admet autre raiſon pour retenir, ou pour laiſſer la choſe acquiſe, que la conſideration & le deſir de la gloire de Dieu, afin qu'elle ſoit la plus grande qu'il ſe pourra.

Suivront les trois Colloques de la maniére qu'on les a faits il y a peu, en la Meditation des Eſtandarts.

Il faut remarquer en outre, que quand nous reſſentons une affection contraire à la parfaite pauvreté (laquelle conſiſte en celle de l'eſprit, & au renoncement effectif des biens) & qui ſe porte davantage aux richeſſes, il eſt fort utile pour l'eſtouffer, de demander à Dieu, nonobſtant la reſiſtance que la chair y apporte, qu'il nous choiſiſſe pour embraſſer cette pauvreté. Nous ne laiſſerons pas neantmoins de garder la liberté

de Saint Ignace.

té de notre desir, par laquelle il nous soit permis de prendre le party le plus convenable au service de Dieu.

AV CINQVIE'ME JOVR.

Suivra la Contemplation du passage de Nostre Seigneur, de Nazareth au fleuve du Iourdain, & de son Baptesme, page 188.

L'une se fera à minuit, & l'autre au matin, avec deux répétitions environ l'heure de la Messe, & de Vespres ; & l'application des sens avant le souper. De plus, chacun de ces cinq Exercices sera precedé de l'Oraison préparatoire, & des trois Préludes, comme il a esté déclaré cy-dessus aux Meditations de l'Incarnation, & de la Nativité. On y adjoutera aussi trois Colloques, comme à la Meditation des trois Classes, ou suivant ce qui a esté là marqué apres la Meditation.

Quant à l'Examen particulier que l'on a coutume de faire apres disner, & apres souper, il se fera cette semaine, & les suivantes, sur les fautes & les négligences, que l'on commet aux Meditations propres chaque jour, & aux Additions.

Au sixiéme Iour, ce qui se présente à contempler en suite, est comme IESUS-CHRIST à la sortie du Iourdain, s'en alla au désert, & y demeura, page 190. Où l'on observera la mesme forme d'Exercice, qu'el'on a gardée au cinquiéme jour.

Au septiéme Iour, comme S. André, & les autres Apostres successivement ont suivy IESUS-CHRIST, ainsi qu'il sera declaré en la page 195.

Au huitiéme Iour, Comme nostre Seigneur fit un Sermon sur la Montagne, où il expliqua huit sortes de beatitudes, page 200.

Au neufviéme, Comme il se fit voir marchant sur les eaux, à ses Disciples, qui navigeoient, page 205.

Au dixiéme, Comme il enseigna dans le Temple, page 213.

A l'onziéme, Comme il ressuscita le Lazare, page 209.

Au douziéme, De ce qui fut fait le jour de Rameaux, page 213.

Il faut icy remarquer ces trois choses.

Premierement, qu'en cette seconde semaine, selon que le requerra le temps & l'utilité de la personne qui fait les Exercices, on peut ou adjouter quelques Meditations, comme des Mysteres de la visite des Pasteurs, de la Circoncision & des trois Roys; ou en retrancher quelques unes de celles qui ont esté mises auparavant ; veu qu'elles n'ont esté tracées que par maniére d'introduction, pour mieux former la Contemplation.

Secondement, Qu'il faut commencer la recherche des Elections, depuis la Contemplation de la sortie de Iesus-Christ de Nazareth, pour aller vers le Iourdain, jusqu'à y comprendre aussi celle qui se fait le cinquiéme jour.

Troisiémement, Qu'auparavant que d'entreprendre la matiere des Elections, il sert beaucoup afin de disposer nostre affection à embrasser la veritable doctrine de Iesus-Christ, de repasser par son esprit de fois à autre pendant tout un jour, les trois maniéres suivantes d'humilité, & de faire souvent les trois Colloques dont il y sera parlé.

Mihi abſit gloriniſi in Cruce Dñi Nri Ieſu Chri

LES TROIS DEGREZ,
ou manieres d'humilité.

LA premiere sorte d'humilité est celle-cy, qui est necessaire au salut; Que je me soumette entièrement à garder la loy de Dieu; & qu'encore qu'on me présente l'Empire de tout le monde, ou qu'on me mette dans un évident danger de mourir, je ne viole jamais déliberément aucun commandement divin ou humain, qui m'oblige sous peine de peché mortel.

La seconde maniere, est d'une plus grande perfection; sçavoir, qu'arrestant mon esprit sur les richesses, la pauvreté, l'honneur, l'ignominie, la longue & la courte vie, je sois également porté à ces choses, quand l'occasion d'y loüer Dieu, & de m'y sauver sera égale : & que nonobstant toutes les offres de plus grandes felicitez humaines, ou les menaces de mort que l'on puisse me faire, je ne vienne jamais à commettre de propos déliberé un seul peché, mesme veniel.

La troisiéme maniere, est d'une humilité tres accomplie : qu'ayant desja acquis les deux premieres, quoy que l'on n'y adjoute rien davantage, & que la loüange de Dieu soit pareille, neantmoins pour imiter Iesus Christ plus parfaitement, je choisisse plustost d'embrasser avec luy (qui a esté pauvre, mesprisé, & moqué) la pauvreté, le mespris, & la réputation de fol; que les richesses, les honneurs, & l'estime d'homme sage.

Or

Or pour arriver à ce dégré d'humilité, l'usage des trois Colloques précedens de la Meditation des deux Eſtandarts, y ſervira de grand abbrégé ; en demandant par eux humblement, que s'il plaiſt ainſi à la divine bonté, je parvienne à une telle eſlection, ſoit que le profit de mon obeyſſance envers Dieu, & de la gloire divine, y ſoit plus grand, ou qu'il y ſoit égal.

PRELVDE

Pour faire l'Eſlection.

POur bien eſlire quelque choſe que ce ſoit, nous devons avec un œil pur & ſimple, conſiderer à quelle fin nous avons eſté créés ; Sçavoir pour la loüange de Dieu, & noſtre ſalut. C'eſt pourquoy il ne faut eſlire que ce qui tend a cette fin, parce que le moyen doit eſtre ſubordonné en tout a la fin, & non pas la fin au moyen. D'où vient que ceux là s'égarent, qui d'abord ſe réſoluent d'eſpouſer une femme, ou d'acquerir une charge Eccleſiaſtique, ou un Benefice, & aprés cela de ſervir Dieu; Car ils uſent à rebours de la fin & du moyen; & ils ne vont pas droit a Dieu; mais ils tâchent par leur gauchiſſement, de l'attirer a leurs deſſeins deſreglez. Or il faut agir tout au contraire, en nous propoſant prémiérement le culte de Dieu comme noſtre fin, & en choiſiſſant aprés, le mariage, ou le ſacerdoce, & toutes les autres choſes, ſuivant que nous les verrons plus propres pour arriver a noſtre fin.

Telle-

Tellement que rien ne nous doit porter à nous servir, ou à nous abstenir de quelques moyens que ce soit, que l'asseurance qu'ils nous ayderont à loüer Dieu, & à nous sauver.

INTRODVCTION

A la connoissance des choses qu'on doit eslire, comprenant quatre Points, & une petite Remarque.

LE premier Point, est que toutes les choses qui tombent sous l'eslection, doivent estre par necessité bonnes d'elles-mesmes, ou du moins n'estre pas mauvaises; & elles doivent toujours s'accorder avec les réglemens de nostre Mere l'Eglise Orthodoxe.

Le second, Que les choses qu'on peut eslire, sont de deux sortes. Car le choix de quelques-unes ne peut se changer, comme de l'Ordre de Prestrise, & du Mariage: & des autres il peut estre changé, comme des revenus Ecclesiastiques ou seculiers, qu'il est permis de recevoir, ou de laisser pour cause.

Le troisiéme, Qu'il n'y a plus rien à eslire sur les choses dont le choix ne se change point: Mais il faut prendre garde, que si quelqu'un par imprudence, ou par affection dereglée en a esleu quelqu'une dont il ne peut pas se dédire; ce qui luy reste à faire est, que lors qu'il commence à se repentir de ce qu'il a fait, il récompense le dommage de son choix, par la bonté de sa vie, & par le soin de faire de bonnes œuvres: Car il n'est nullement a propos qu'il s'en retire, quoy

que

que cette sorte d'eslection semble n'estre pas une vocation divine, comme ayant esté faite a rebours, & inconsiderément. En quoy plusieurs se trompent qui prennent une eslection mauvaise, & de travers, pour une vocation de Dieu ; celle-cy estant toujours pure & claire, sans estre jamais meslée d'affection charnelle, ou de desirs pervers.

Le quatriéme, Que si quelqu'un en y procedant de bonne maniere, & avec un ordre convenable, sans le meslange d'aucune affection charnelle & mondaine, a esleu quelque chose qui puisse estre changée, il ne doit pas se mettre en peine de rompre cette eslection, mais il doit s'efforcer d'y profiter plus il ira en avant.

Mais il faut rémarquer, que si le choix de ces choses qu'on peut changer n'a pas esté entiérement droit & sincere, il est expedient de le corriger, afin qu'il puisse produire des fruits plus abondans, & plus agreables a Dieu.

De trois sortes de temps plus propres pour bien faire les eslections.

LE premier est, Lors que la vertu divine pousse tellement la volonté, qu'elle oste a l'ame toute sorte de doute, & mesme tout pouvoir de douter qu'elle ne suit pas l'impulsion de Dieu : Comme nous lisons qu'il est arrivé à S. Paul, à S. Matthieu, & a quelques autres, quand Iesus-Christ les a appellez.

Le second est, Toutes les fois que le bon plaisir de Dieu se fait connoistre assez clairement, par quelque experience de consolations, & de diversité d'esprits, qui a precedé.

Le troisiéme est, Quand l'homme ayant consideré avec esprit tranquille, la fin pour laquelle il est créé (sçavoir la gloire de Dieu, & son salut) choisit un certain genre de vie parmy ceux qui se trouvent establis dans l'Eglise Catholique, par lequel comme par un moyen il puisse plus commodément, & plus asseurément tendre à sa fin.

Or on connoist qu'on a cette tranquillité, toutes les fois que l'ame n'estant pas agitée de varieté d'esprits, peut exercer avec liberté ses puissances naturelles. C'est pourquoy si l'eslection ne se fait pas à la faveur du premier, ou du second temps, il reste de recourir au troisiéme, qui est partagé aux deux manieres suivantes.

Propofui in conspectu tuo vitam, & mortem. *Deut. 30*
124

La première manière de faire une sainte & bonne eslection, comprenant six points.

LE premier Point sera, de mettre en avant la chose dont on veut déliberer; comme un office, ou un benefice; s'il le faut accepter ou le rejetter, & ainsi des autres choses appartenantes a une eslection qui ne peut estre changée.

Le second est, Qu'aprés que je me seray mis devant les yeux, la fin de ma creation (laquelle consiste a me sauver en loüant Dieu) je ne panche ny de costé ny d'autre, pour embrasser ou rejetter la chose dont il s'agit ; mais que je me tienne comme entre-deux, & dans l'indifference ; estant neanmoins disposé d'affection, à me porter entièrement du costé que je verray plus propre pour la gloire de Dieu, & pour mon salut.

Le troisiéme est, De prier instamment la clémence divine, qu'elle daigne éclairer mon entendement, & pousser ma volonté, où je dois plutost me porter ; ne laissant pas neanmoins de me servir du pieux & fidelle raisonnement de mon esprit, par lequel ayant connu & approuvé la volonté de Dieu, je fasse mon eslection.

Le Quatriéme, De peser combien je tireray de commoditez ou d'assistances pour ma fin, de cét office ou benefice, si je le prens : de combien d'incommoditez aussi & de dangers, je suis menacé. Et au contraire combien je puis esperer de commoditez & d'assistances, combien de dangers & de dommages, si je le laisse.

Le cinquiéme, Cela estant fait, je raisonneray de part & d'autre, & suivant ce que la raison me dictera, je concluray mon eslection, sans avoir égard a aucune affection charnelle.

Le sixiéme, Le choix estant fait, je me mettray aussitost en oraison, pour le presenter a Dieu, afin que s'il luy est agreable, il le reçoive finalement, & l'affermisse parfaitement.

La seconde façon de bien eslire, partagée en quatre regles, & une remarque.

LA premiere est, Que l'eslection devant estre faite par une affection, qui procede d'un amour de Dieu versé du Ciel; il est a propos que celuy qui eslit, ressente en soy, que tout ce qu'il a d'affection pour la chose (soit peu, ou beaucoup) vient du seul amour, & de la seule consideration qu'il a pour Dieu.

La Seconde est, De considerer, si quelqu'un qui me seroit tres-amy, & a qui je souhaiterois qu'il ne manquast aucune perfection, se presentoit a moy en doute sur une semblable eslection, a quoy principalement luy conseillerois-je de se resoudre; car l'ayant reconnû, je jugeray aussitost que je dois faire, comme je conseillerois a un autre.

La troisiéme est, De penser a part moy outre cela, si je devois mourir présentement, quel party voudrois-je avoir pris dans cette déliberation ? Car je verray, que c'est donc celuy-là que je dois choisir maintenant.

La

La quatriéme est, De ne pas moins considerer, quand je seray presenté au tribunal de Dieu pour y estre jugé, de quel conseil voudrois-je m'estre servy dans la chose presente. Ce qu'ayant reconnu, je m'en serviray maintenant, afin que je sois plus asseuré en ce temps-la.

Il faut enfin remarquer, qu'apres avoir gardé soigneusement ces quatre regles pour mon salut, & pour le repos de mon ame, je dois suivant le dernier point de la maniére précédente, conclure mon eslection, & l'offrir a Dieu afin qu'il l'approuve.

De l'amendement, ou reformation que chacun doit faire en l'estat de sa vie.

IL faut remarquer cecy par dessus toute autre chose, que si quelqu'un est engagé au Mariage, ou a un office de dignité Ecclesiastique (il n'importe pas pour la quantité des biens temporels, qu'elle soit grande ou petite) d'où il arrive qu'il n'ayt pas le loisir, ou la volonté, de s'employer aux eslections des choses qui se peuvent changer, ce sera fort bien fait de luy donner en leur place, quelque methode ou instruction, avec laquelle il puisse mieux régler sa vie, & son estat.

Celuy donc a qui une telle condition est écheuë, pour bien establir, & poursuivre la fin de sa creation, & de sa vie, doit par les Exercices précedens, & par les deux maniéres d'eslection, prendre garde soigneusement & conclure apres y avoir bien pensé, de combien

bien de personnes il est raisonnable, que sa famile & sa maison soit composée ; de quelle façon il doit les traiter, & les gouverner ; quelles instructions de vive voix, & quels exemples il doit leur donner. De plus, combien il luy est permis de despenser du bien qu'il possede, pour ses propres usages, & pour ses domestiques ; ce qu'il est bien-seant qu'il en donne aux pauvres, ou employe en bonnes œuvres ; ne s'attachant en tout, & ne cherchant autre chose, sinon d'honnorer Dieu, & de se sauver. Car chacun doit se persüader qu'autant qu'il se destachera de l'amour de soy mesme, & de l'affection qu'il a pour ses propres commoditez, autant il s'avancera dans l'estude des choses spirituelles.

Tu mihi lavas pedes? At DOMINVS: si non lauero te, non habebis partem mecum.

LA TROISIE'ME SEMAINE.

LA PREMIERE CONTEMPLATION, EST DU DERNIER SOVPER DE JESUS-CHRIST.

Elle se fait à minuit, & elle contient l'Oraison préparatoire, trois Préludes, six Points, & un Colloque.

L'Oraison Préparatoire, est toujours la mesme.
 Le prémier Prélude se prend de l'histoire, comme Iesus-Christ envoya de Bethanie en Ierusalem deux disciples, afin de préparer le souper ; où il se transporta aprés avec le reste de ses disciples, & ayant mangé l'Agneau Pascal, & le souper estant achevé, il leur lava les pieds à tous, & il leur donna son sacré Corps & son Sang; enfin il leur fit un Sermon, aprés que Judas qui devoit le vendre, fut sorty.

Le second, Se fait de la composition du lieu, en considerant le chemin susdit, soit raboteux, ou uny, court ou long, avec les autres circonstances qui pouvoient s'y rencontrer.

Le troisiéme, Se tire de la demande de ce qu'on desire ; sçavoir de la confusion, à cause que le souverain Seigneur de toutes choses, s'est exposé a des tourmens si estranges pour mes pechez.

Le premier Point, Sera de considerer les personnes qui soupent, & d'en tirer quelque chose a mon usage.

Le second, D'escouter les propos qu'ils tiennent, & d'en recueillir du fruit.

Le troisiéme, De prendre garde a ce qu'ils font, & de profiter de tout.

Le quatriéme, De remarquer ce que Iesus-Christ desire deslors, & commance de souffrir, selon ce que dit l'histoire. D'où je prendray occasion de m'exciter aussi a la douleur, a la tristesse, & aux larmes ; & je m'affligeray semblablement dans les mysteres suivans.

Le cinquiéme, De mediter comme la divinité de Iesus-Christ se cachant, ne fait point mourir ses adversaires, dont il a le pouvoir ; mais il laisse souffrir a son humanité, des peines aussi cruelles que sont les siennes.

Le sixiéme, De penser ce que je dois faire, ou souffrir pour Iesus-Christ, puis qu'il endure de telles choses pour mes pechez.

Le Colloque sera a Iesus-Christ, devra se terminer avec le *Pater noster*. On

de Saint Ignace.

On doit remarquer pour ce qui est des Colloques, ce que nous avons déja exposé plus haut; qu'il y faut agir, & demander quelque chose selon qu'est la matiere présente; sçavoir selon ce que je ressens en moy, de la consolation, ou du trouble; selon que je desire telle vertu, ou une autre; selon que j'ay dessein de disposer de moy, pour tel & tel sujet; selon mesme que je veux m'attrister, ou me réjoüir de la chose que je contemple. Enfin il faudra demander ce que je souhaitte le plus sur quelqu'autre chose particuliere; & l'on pourra ne faire qu'un Colloque à Iesus-Christ Nostre Seigneur, où l'on en fera trois, si la devotion y porte; sçavoir à la Mere, au Fils, & au Pere, comme il a esté enseigné dans la Contemplation des trois Classes, en la seconde Semaine, page 121. & dans la Remarque qui la suit au mesme endroit.

LA

AMICE AD QVID VENISTI. *Matthei 26.*

LA SECONDE CONTEMPLATION

POUR LE POINT DU JOUR,

Est des choses que IESUS-CHRIST *a faites aprés le souper, & dans le Iardin.*

L'Oraison Préparatoire, est toujours la mesme.
   Le premier Prelude, est suivant l'histoire comme IESUS-CHRIST avec ses onze Apostres, descendit de la Montagne de Sion, où ils avoient souppé ; & il passa par la vallée de Iosaphat, où il en laissa huit, & les trois autres dans un endroit du Jardin ; puis s'estant retiré à l'escart, il pria jusqu'à suer du sang, en recommençant par trois fois la mesme priére à son Pere. Apres quoy ayant réveillé ses Disciples, terrassé ses adversaires de sa seule voix, avec Judas qui le trahissoit par un baiser, & remis en sa place l'oreille de Malchus, que Pierre avoit couppée, il fust enfin saisi au corps comme un scelerat & un larron, & traisné premiérement à la maison d'Anne, par ladite vallée.
   Le second est, pour la constrution du lieu, de se représenter un chemin penchant, uny ou raboteux, un Jardin aussi d'une certaine grandeur, figure & disposition.

Le

Le troisiéme, pour obtenir ce que l'on desire, est de demander de la tristesse, des gemissemens, des troubles, & autres peines interieures, afin de compâtir à Iesus-Christ souffrant pour moy.

Il faut remarquer, ensemble ces quatre choses.

La premiere, Qu'aprés l'Oraison préparatoire avec les trois Préludes de ce second Exercice, il faut proceder par les Points, & par le Colloque de la mesme maniére qu'on a fait en la Meditation précedente du souper. On devra aussi ajouter deux répétitions vers le temps de la Messe, & de Vespres sur ces deux Contemplations, & faire l'application des cinq sens avant le souper; en commençant toujours par l'Oraison préparatoire, & les trois Préludes conformes a la matiére qui se présente à mediter, comme il a esté suffisamment expliqué en la seconde semaine.

La seconde, Qu'ayant égard à l'âge, & à toutes les autres dispositions, on fera chaque jour cinq Exercices, ou moins.

La troisiéme, Qu'en cette troisiéme semaine, il faut changer en partie la seconde, & la sixiéme Addition. Car pour ce qui est de la seconde, aussitost que je seray esveillé, en prévoyant où j'yray, & comme effleutant la prochaine Contemplation, tandis que je me leve, & que je m'habille, je m'efforceray de m'exciter fortement à la tristesse, & à la douleur de tant & de si facheuses peines de Iesus-Christ, Quant à la sixiéme, je fuiray plutost que je ne chercheray, ou n'admettray des pensées de joye, quoy qu'utiles & saintes d'ailleurs, d'ailleurs, comme de la Resurrection, & de la gloire de Iesus-Christ. Et en leur place, pendant que je médite la Passion, je puiseray des angoisses & des peines, du frequent souvenir des choses que Iesus-Christ a endurées depuis l'heure de sa naissance, jusqu'à la sortie de cette vie.

La quatriéme, Que l'Examen particulier se fera sur l'acquit, tant des Exercices, que des Additions; de la maniere qu'on a fait en la semaine précédente.

AU SECOND JOUR.

Succedera un autre Contemplation que l'on devra faire la nuit, sur ce qui se passa en la maison d'Anne, comme il est raconté en la page 218. Et vers le point du jour, sur ce qui suivit en la maison de Caïphe, page 221. Puis les répétitions, & applications des sens, comme auparavant.

AU TROISIEME JOUR.

Nous contemplerons à minuit, comme Iesus-Christ fut mené à Pilate, & ce qui se fit là, selon qu'il sera dit en la page 222. A la pointe du jour, ce qui se passa au renvoy de Iesus-Christ à Herodes, page 223. Et l'on y adjoutera l'usage ordinaire des répétitions, & des sens.

AU QUATRIEME JOUR.

La Méditation de la nuit parcourrera l'histoire du retour de chez Herode, page 224. jusqu'à la moitié des Mysteres, qui suivirent aprés chez Pilate. Et l'on pour-

poursuivra l'autre moitié à la pointe du jour, en faisant à l'accoutumée, les répétitions, & l'application des sens.

AV CINQVIEME JOVR.

Nous contemplerons à minuit la suite de la Passion, depuis la Sentence de Pilate, jusqu'au Crucifiment, page 227. A la pointe du jour, depuis l'élévation de la Croix, jusqu'à la mort, dont il est parlé en la page 228.

AU SIXIEME JOUR.

La nuit comme Jesus-Christ estant mort, fut osté de la Croix, & porté au monument, page 231. A la pointe du jour, depuis que Jesus-Christ fut ensevely, en la mesme page, jusqu'à ce que la bien-heureuse Vierge se retira en quelque maison.

AU SEPTIEME JOUR.

A minuit & le matin, nous repasserons par nostre esprit toute la Passion. Puis au lieu des répétitions, & de l'application des sens, nous considererons pendant tout le jour, le plus souvent qu'il nous sera possible, comme le tres-sacré Corps de Jesus-Christ demeura séparé de son ame, où & comment il fut ensevely ; de plus, quelle & combien grande fut la solitude, la désolation, & l'afliction de la bien-heureuse Marie Mere. Combien aussi fut amere la tristesses des Disciples.

Il faut remarquer aprés tout ce qui a esté dit, que si
que

que si quelqu'un veut s'arrester plus longtemps à la Meditation de la Passion, il doit remplir chaque Contemplation de moins de Mysteres, en sorte que dans la premiére, il ne comprenne que le soupper ; dans la seconde, que le lavement des pieds ; dans la troisiéme, que l'institution de la Sainte Eucharistie ; dans la quatriéme, que le Sermon qui s'ensuivit ; & il faudra en faire de mesme du reste. Puis ayant passé de cette maniére sur toute la Passion, il en pourra reprendre la moitié le premier jour d'aprés, le lendemain l'autre moitié, & le troisiéme jour toute la Passion ensemble encore une fois.

Au contraire, si quelqu'un veut abbréger, qu'il contemple le soupper à minuit ; le Jardin, à la pointe du jour ; la maison d'Anne, vers la Messe ; environ Vespres, celle de Caïphe ; avant le soupper, le Prétoire de Pilate. Et en poursuivant ainsi, l'on fera chaque jour cinq Exercices différens, mais on omettra les répétitions, & les applications des sens.

Or ayant parcouru toute la Passion, il sera bon de la repasser toute entiére par son esprit, pendant un seul jour, soit qu'on la renferme dans un seul jour, Exercice, ou qu'on la divise en plusieurs, selon que chacun jugera luy estre plus utile.

Quelques Regles pour bien moderer le vivre.

LA premiere est, Qu'il se faut moins abstenir du pain, que des autres alimens, parce qu'il n'irrite pas tant la gourmandise, & il ne nous expose pas tant aux tentations.

La seconde, Qu'il faut pratiquer l'abstinence au boire, plutost qu'au pain; en prenant garde soigneusement quelle quantité du boire nous est utile, afin de la prendre toujours; & quelle nous est nuisible, afin de la retrancher.

La troisiéme, Que c'est principalement aux viandes, & à leurs assaisonnemens que l'abstinence doit s'occuper, parce que c'est d'eux que la sensualité prend une occasion plus ordinaire de pécher, & l'ennemy de nous tenter. Il faut donc y apporter de la modération afin d'en éviter l'excez: dequoy l'on viendra à bout en deux façons; qui sont d'user, & de s'accoutumer à des viandes plus grossières, ou d'user fort peu des délicates.

La quatriéme est, Que plus quelqu'un retranchera du vivre, qui luy est convenable (en évitant neantmoins un danger évident de devenir malade) plutost aussi il trouvera la mesure du manger & du boire qui luy est propre; tant parce qu'en se disposant mieux par ce procédé, & en faisant plus d'effort sur soy pour arriver à la perfection, il sentira de fois à autre certains rayons de connoissance, & mouvemens pleins de con-
sola-

solation, qui luy feront envoyez du Ciel, & qui lui feront discerner aisément, quelle est la manière de vivre la plus commode pour luy ; Qu'à cause que s'il trouve qu'en se retranchant de la sorte, il est trop foible pour s'acquiter commodément de ses Exercices Spirituels, il découvrira facilement par cette experience, la quantité de vivre que la necessité de sa complexion demande.

La cinquième, Qu'il est expedient de s'imaginer tandis que l'on mange, que l'on voit Iesus-Christ Nostre Seigneur mangeant avec ses Disciples, en prenant garde à la manière qu'il tient à manger, à boire, à regarder, & à parler; & en nous le proposant pour modelle que nous imitions, Car il arrivera par cette pratique, que nostre esprit estant plus occupé à cette Méditation, qu'aux viandes corporelles, nous apprendrons plus aisément à moderer nostre vivre.

La sixiéme, Que pour changer, l'on peut se servir d'autres considerations pendant que l'on mange, telles que sont la vie des Saints, une doctrine de pieté, ou une affaire Spirituelle qui se présente à traitter; car l'esprit estant ainsi occupé ailleurs, il s'affectionnera peu à la viande, & au plaisir du manger.

La Septiéme, Qu'il faut prendre garde principalement, que l'esprit ne s'épanche tout entier en quelque façon, sur les viandes qu'on doit prendre, & qu'on ne mange ny avidement, ny avec trop de hastiveté : mais au contraire que nous soyons toujours les maistres de nostre appetit, pour modérer la quantité du vivre, & la manière de le prendre.

Les Exercices Spirituels

La huitiéme, Qu'il est fort utile pour oster le déréglement du boire & du manger, de nous prescrire avant le disner, ou le soupper, & en tout autre temps que nous ne sentons point de faim, une certaine quantité de nourriture (aprés que nous en aurons déliberé à part nous) laquelle nous prenions au prochain repas, & que nous n'excedions dans l'occasion, ny pour aucune avidité que nous sentions, ny pour aucune suggestion de l'ennemy; mais bien plutost, que nous en retranchions quelque chose pour nous vaincre.

Sm multitud: dolor meor confolationes tuæ.

LA QUATRIE'ME SEMAINE.

PREMIERE CONTEMPLATION,

Comme Iesus Nostre Seigneur apparut à sa Sainte Mere aprés sa Resurrection, selon qu'il est rapporté en la page 233.

L'Oraison preparatoire, à l'accoutumée.
    Le premier Prelude, se prend de l'histoire, comme aprés que Notre Seigneur eut expiré en Croix, son Corps estant ensevely, mais toujours uny à la divinité, luy en ame, toujours aussi unie à la divinité, descendit aux Limbes; d'où ayant retiré les ames des justes, & estant retourné au sepulchre, il réünit l'ame au corps, & ressuscita; puis il apparut en vie à la Vierge Marie sa Mere, ainsi qu'on doit le croire pieusement, & vray semblablement.
    Le second, pour la disposition du lieu, entreprendra de speculer la situation du sepulchre, & la petite maison de la bien-heureuse Vierge, dont nous considererons en particulier, la forme, les parties, & le reste de sa disposition, comme sa cellule, & son oratoire.

Le

Les Exercices Spirituels

Le troisiéme, comprendra la grace qu'on doit demander; sçavoir, que nous ayons part à la joye incomprehensible de Iesus-Christ, & de sa Mere.

Le premier, le second, & le troisiéme point, seront icy les mesmes, qui ont esté exposez plus haut en la Contemplation du souper; sçavoir, de considerer les personnes, les paroles, & les actions.

Le Quatriéme, est de prendre garde comme la divinité de Iesus-Christ cachée au temps de sa Passion & de sa mort, se montre a découvert à sa Resurrection, & éclatte aprés en beaucoup de miracles.

Le cinquiéme est de bien peser avec quelle promptitude & largesse Nostre Seigneur s'est aquitté du devoir de consoler les siens, en nous servant de la comparaison des consolations qu'un intime amy peut rendre à son amy.

On achevera la Contemplation par un ou plusieurs Colloques, qui devront estre faits suivant la matiere qu'on a méditée; avec le *Pater noster*.

Il faut remarquer, qu'aux Contemplations ou Exercices suivans, on doit méditer par ordre tous les mysteres de la Resurrection, & de l'Ascension, avec les autres qui ont esté operez entre ces deux-cy, en gardant par tout les mesmes formes, & maniéres qui ont esté observées en la semaine où nous avons contemplé les mysteres de la Passion; & l'on devra former & régler, tant pour les Preludes, que pour les cinq Points, & chaque Addition, toutes les Méditations suivantes sur cette prémiere de la Résurrection, en y accommodant leurs sujets. Nous réglerons semblable-

blement pour les répétitions, applications des sens, &
pour la diminution ou augmentation du nombre des
Exercices selon les mysteres, sur ce qui nous a esté enseigné en la semaine précédente des Meditations de
la Passion.

Il faut remarquer en second lieu, Qu'il convient
mieux à cette quatriéme semaine, qu'à celles qui ont
précedé, de ne faire que quatre Exercices ; le premier
aprés que nous serons levez; le second vers le temps de
la Messe, ou un peu avant le disner, & il servira de
premiére répétition; le troisiéme à l'heure de Vespres
au lieu d'une seconde répétition ; le quatriéme avant
le souper, en y joignant l'application des sens, afin
d'imprimer plus fortement dans son esprit les trois
Contemplations qu'on aura faites ce jour là ; en remarquant aussi en passant, & considerant avec plus
d'application les parties & endroits où nous aurons eu
des mouvemens plus forts, & des gousts spirituels
plus grands.

Troisiémement, Qu'encore qu'on prescrive à celuy
qui fait les Exercices, un certain nombre de Points,
comme trois ou cinq, il luy sera libre neantmoins de
reduire sa Contemplation à un plus grand, où plus
petit nombre de Points, selon qu'il aura éprouvé luy
estre plus commode ; en quoy il sera beaucoup aydé, si
auparavant que de commencer son Exercice, il rap-
pelle en sa memoire les Points qu'il doit méditer, &
s'il les réduit à un certain nombre.

Quatriémement, il faut enfin remarquer, que pendant cette quatriéme semaine on doit changer la seconde,

conde, la sixiéme, la septiéme, & la dixiéme Addition. La seconde, en me mettant devant les yeux aussi tost que je seray esveillé, la Contemplation que j'ay réso-lu de faire ; & en m'efforçant de me réjoüir avec les Disciples, de la joye de Nostre Seigneur. La sixiéme, en me souvenant des objets qui peuvent exciter en moy de la joye spirituelle, comme est la pensée de la gloire. La septiéme, en me servant de la commodité de la lumiere & du Ciel qui se présentera ; comme au Printemps, de l'aspect des fleurs, & de la verdure des herbes, ou de la beauté d'un lieu à couvert du Soleil Pendant l'Hyver, de la chaleur favorable du Soleil & du feu ; & ainsi des autres réjoüissances bien séante du corps & de l'esprit, qui pourront m'ayder à me re-joüir avec mon Createur, & mon Redempteur de l joye qu'il a. La dixiéme, en me contentant, au lieu de penitence, de garder la temperance & la mediocri-té dans mon vivre ; si ce n'est lors que l'Eglise aur commandé quelque jeusne, ou quelque abstinence : ca il faut toujours obeïr à ses préceptes, quand on n'a poin d'empeschement légitime.

QVIS NOS SEPARABIT *Rom. VIII.*

CONTEMPLATION,

Pour exciter en nous l'Amour spirituel.

IL faut remarquer d'abord deux choses. Premiérement, que l'amour dépend des œuvres plus que des paroles. Secondement, que l'amour consiste en une communication mutüelle de facultez, de biens, & d'œuvres ; Par exemple, de science, de richesses, d'honneur, & de toute autre sorte de bien.

On commence à l'accoutumée par l'Oraison préparatoire.

Le Premier Prelude est, de me considerer en la presence de Dieu, des Anges, & de tous les Saints qui me sont favorables.

Le Second est, de demander la grace de Dieu, par laquelle je connoisse la grandeur des biens qu'il m'a faits, afin que je m'employe sans reserve à son amour, à son culte, & à son service.

Le premier point soit, de r'appeller en ma mémoire les bénéfices de la Creation, & de la Redemption ; de me réprésenter aussi les faveurs particuliéres que j'ay reçuës préférablement à d'autres ; & de peser avec une affection cordiale, combien le tres benin Seigneur a fait, & a souffert pour moy, combien il m'a élargy de ses thrésors, & que suivant son divin decret, & son bon plaisir, il veut se donner à moy luy-mesme, autant qu'il peut. Puis ayant bien considéré toutes ces choses, je me réfléchiray sur moy, & je m'éxamim'éxamineray sur ce que je suis obligé de faire, & sur ce qu'il est équitable & juste, que j'offre, & que je présente à sa divine Majesté. Il est sans doute, que je luy dois offrir tout ce qui m'appartient, & moy-mesme, avec un souverain amour, en ces termes, ou semblables.

Recevez, Seigneur, toute ma liberté. Recevez toute ma memoire, tout mon entendement, & toute ma volonté. Vous m'avez donné tout ce que j'ay, ou je possede ; je vous le rends tout, & je l'abandonne à voste volonté pour en disposer absolument: Pourveu que vous me donniez vostre amour avec vostre grace, je suis assez riche, & je ne demande rien davantage.

Le second sera, de considerer que Dieu est dans toutes les creatures, donnant l'estre aux élemens; aux plantes d'abondant, la vie vegetante; aux animaux en outre, le sentiment ; aux hommes enfin, la raison avec tout cela ; entre lesquels j'ay receu en mon particulier tous ces bénéfices, d'estre, de vivre, de sentir, d'user de raison ; & Dieu a bien voulu me faire son Temple créé à son Image, & ressemblance. De toutes lesquelles choses ayant esté ravy d'admiration, & aprés que je me seray refleschy sur moy-mesme, j'agiray comme au premier Point, & mieux encore s'il se présente quelque chose de mieux ; Ce qu'il faudra pratiquer semblablement aux Points suivans.

Le troisiéme est, de considerer le mesme Dieu & Seigneur agissant pour moy, & travaillant en quelque façon dans ses creatures ; entant qu'il leur donne, &

& qu'il leur conserve ce qu'elles sont, ce qu'elles possedent, ce qu'elles peuvent, & ce qu'elles operent. Toutes lesquelles choses je devray refleschir sur moy comme auparavant.

La quatriéme est, de considerer comme tous les presens, & tous les biens descendent du Ciel ; sçavoir la puissance, la justice, la bonté, la science, & toutes les autres perfections humaines, lesquelles sont enfermées dans de certaines bornes, & elles émanent de ce tresor infiny de tout bien, comme la lumiere du Soleil, & l'eau de la fontaine. Il ne reste qu'à adjouter la réfléxion susdite pour toute ce qui me regarde.

On fera aussi un Colloque à la fin, qui devra estre achevé par le *Pater noster*.

LES TROIS MANIERES DE PRIER.

LA PREMIERE.

Elle se prend de la consideration des Commandemens, des sept pechez mortels, des trois puissances de l'ame, & des cinq sens: D'où vient qu'elle n'a pas tant la forme d'Oraison, que de certain Exercice, par lequel l'ame est aydée, & l'Oraison est renduë plus aggreable à Dieu.

Avant doncque de prier en cette maniére, pour avoir quelque chose qui responde à la troisiéme Addition, je m'asseoiray, ou je me promeneray un peu (selon que je verray qu'il sera plus propre pour avoir le repos de mon esprit) en pensant à part moy, où je veux aller, & ce que j'y vas faire. Cette sorte d'Addition doit aussi preceder toute autre maniére de prier.

L'oraison préparatoire, contiendra la demande de la grace, afin que je connoisse tout ce que j'ay peché contre les préceptes du Decalogue, & que je m'en corrige à l'avenir, comme les ayant mieux compris, & devant les garder avec plus de soin pour la gloire de Dieu, & pour mon salut.

Premiérement donc, j'examineray chaque Commandement par ordre, en remarquant de quelle façon

de Saint Ignace. 193

çon je l'ay gardé ou violé; & je demanderay pardon des péchez qui se présenteront à ma memoire, en recitant une fois le *Pater noster*.

Ce sera assez d'employer à la recherche de chaque commandement autant de temps, qu'il en faudroit pour dire trois fois l'Oraison Dominicale; neantmoins il faut remarquer, qu'on doit s'arrester moins de temps au précepte qu'on auroit violé plus rarement, & plus de temps à celuy que l'accoutumance auroit fait violer plus fréquemment; le mesme devra estre gardé aux péchez mortels.

Or ayant parcouru tous les Commandemens l'un aprés l'autre; m'estant aussi accusé de péchez dont je me seray veu coulpable, & ayant demandé la grace pour les garder avec plus de veille sur moy, je dresseray un Colloque à Dieu suivant que sera le sujet.

Secondement, Nous poursuivrons la mesme façon de prier sur les péchez mortels aprés l'Addition, & l'Oraison préparatoire, comme nous avons fait aux préceptes; Car il n'y a point de difference entr'eux, sinon du costé de la matière, en ce qu'il faut garder les préceptes, & éviter les péchez. Tout le reste est de mesme, & l'on fera aussi un Colloque.

Il faut sçavoir, que la connoissance des péchez & des vices, est aydée par la consideration des actes, & des habitudes qui leur sont contraires. C'est pourquoy chacun se doit efforcer d'acquerir avec la grace de Dieu, & avec quelque saint exercice, les vertus qui sont opposées aux sept péchez mortels.

Troisiémement, le mesme procedé se doit ensuivre

L 2 à

à l'égard des trois puissances de l'ame, par l'Addition, l'Oraison préparatoire, la discussion de chacune, & le Colloque à la fin.

Quatriémement, Il faut aussi faire le mesme sur les cinq sens, & n'y rien changer que la matiére. Où il est bon de remarquer, que si quelqu'un souhaite d'imiter Nostre Seigneur en l'usage de ses sens, il doit se recommander à Dieu là dessus en l'Oraison Préparatoire ; & aprés avoir examiné chaque sens, adjouster l'Oraison Dominicale. Mais s'il veut imiter la bien-heureuse Vierge Marie, il se recommandera à elle, afin qu'elle l'obtienne de son Fils ; & à mesure qu'il examinera ses sens, il récitera la Salutation Angelique.

LA SECONDE MANIERE DE PRIER

Elle se fait en pesant la signification de chaque parole d'une Oraison.

On la commence par la mesme Addition que dessus.

L'Oraison Préparatoire, se doit accomoder à la personne à qui l'on adresse sa priere.

La seconde maniere de prier est, qu'estant à genoux ou assis (selon la disposition du corps, & la dévotion de l'esprit) & ayant les yeux, ou fermez, ou arrestez en un lieu, sans les tourner de costé ny d'autre, je commence à réciter l'Oraison Dominicale par son commencement, & qu'à la prémiere parole, qui est, *Pere*, j'arreste ma Méditation autant de temps que j'y trouveray des signification differentes, des similitudes, des gousts spirituels, & autres sentimens de dévotion. Puis je fasse le mesme à chaque parole suivante de la mesme Oraison, ou d'une autre.

Il faut observer trois regles là dessus.

La premiere, Que nous employions une heure dans cette Meditation de quelque priere que ce soit, & que ce temps estant achevé, nous recitions une fois l'*Ave Maria*, le *Credo*, l'*Anima Christi*, le *Salve Regina*, à la manière ordinaire, soit d'esprit seulement, ou mesme de bouche.

La seconde, Que si en méditant de la sorte, il nous vient abondance de pensées, & tout ensemble de consolations interieures, nous ne nous mettions point en peine de passer aux paroles suivantes, encore que toute l'heure y fust employée ; laquelle estant finie, on recitera couramment le reste de l'Oraison.

La troisiéme, Que quand il sera ainsi arrivé que nous aurons employé toute l'heure à méditer une ou fort peu de paroles, nous recitions le lendemain briévement ce que nous aurons déja médité, & nous passions à la consideration de la parole suivante.

Or aprés avoir ainsi médité toute l'Oraison Dominicale, on peut prendre la Salutation Angelique ; & aprés elle quelqu'autre Oraison, afin que cette maniére de prier aille de suite sans estre interrompuë. Mais ayant achevé de cette sorte chaque Oraison, nous parlerons en peu de mots à la personne à qui elle s'addresse, en luy demandant quelque vertu ou quelque grace dont nous aurons reconnu que nous avons plus de besoin.

LA TROISIEME
MANIERE
DE PRIER

Qui se fait en égalant les paroles qu'on prononce, aux respirations qu'on fait.

L'addition n'est point differente des deux qui ont précedé.

L'Oraison Preparatoire, se fera comme en la seconde maniere.

Cette troisiéme façon de prier, consiste à prononcer chaque parole de l'Oraison Dominicale, ou de quelqu'autre priere que ce soit, à chaque fois que l'on respire, en considerant tandis que la respiration se fait, ou la signification de la parole qu'on a prononcée, ou l'excellence de la personne à qui l'Oraison s'addresse, ou ma propre bassesse, ou enfin la difference qu'il y a entre cette personne-là & moy. Il faudra proceder de la mesme sorte aux autres paroles: & l'on y adjoutera aussi les Oraisons susdites, *Ave*, *Credo*, &c.

Deux Regles appartenantes à cette maniere de prier.

La premiere, Qu'ayant acheve l'Oraison Dominicale selon cette maniére de prier, on prenne aux autres jours, ou aux autres heures, la Salutation Angelique,

lique, pour estre recitée avec le mesme intervalle de respirations & de paroles ; & les autres Oraisons que l'on dira à la maniére accoustumée.

La seconde, Que celuy qui desire pratiquer plus long-temps cette maniere de prier, luy applique toutes les prieres susdites, ou quelques-unes de leurs parties ; & qu'il y garde une égale distance entre les respirations & les paroles.

TOTA DIE MEDITATIO MEA EST. psal. 118.

LES
MYSTERES
DE LA VIE
DE N. SEIGNEVR.
JESUS-CHRIST.

IL faut remarquer premiérement, que toutes les paroles des Mysteres suivans enfermées de parantese, sont prises des Euangiles mesmes & non pas les autres. Secondement, qu'en chaque mystere l'on met toujours ou presque toujours trois Points, afin que la Contemplation soit d'autant plus aisée, qu'elle est plus distincte.

DE L'INCARNATION DE IESVS CHRIST ANNONCE'E A LA B. VIERGE

De laquelle il est parlé en S. Luc cap. 1.

PRemierement, Comme l'Ange Gabriel saluant la Bien-heureuse Vierge, luy a annoncé la Conception du Verbe Divin [l'Ange s'estant presenté à la Vierge, dit, je vous saluë pleine de grace, &c. voila que vous concevrez dans vostre ventre, & vous enfanterez un fils.]

   Secondement, l'Ange confirme ce qu'il avoit dit auparavant, en rapportant l'exemple de la conception admirable de S. Jean Baptiste [& voila qu'Elizabeth, vostre cousine, a conçu un fils dans sa vieillesse.]

   Troisiémement, La Saint Vierge respondit à l'Ange (voicy la servante Seigneur, qu'il me soit fait selon vostre parole.)

Vnde hoc mihi, ut veniat Mater Domini mei ad me. *Luc. v. 43.*

DE MARIE
VISITANT SA COUSINE
ELIZABETH.

Comme il est porté en S. Luc. chap. 1.

PRemièrement, Comme Marie visite Elizabeth, & S. Jean estant dans le ventre, sentit la salutation de Marie, & tressaillit de joye. [Aussi-tost qu'Elizabet eut oüy la Salutation de Marie, l'enfant se réjoüit dans son ventre, & Elizabeth fut remplie du S. Esprit, & elle s'escria à haute voix en disant, vous estes benite entre toutes les femmes, & le fruit de vostre ventre est beny.]

Secondement, La bien-heureuse Vierge entonna ce Cantique, que la joye exprima de son cœur. (Mon ame magnifie le Seigneur, &c.)

Troisiémement, (Or Marie demeura avec elle environ trois mois, & elle retourna en sa maison.)

Quicumque ergo humiliaverit se sicut PARVULUS ISTE hic est major in Regno Cælorum. *Matth. 18.*

DE LA NATIVITÉ
DE JESUS-CHRIST.
En S. Luc chap. 1.

PRemierement, La Bienheureuse Vierge accompagnée de Ioseph son Espoux, s'en va en Bethleem. [Ioseph monta aussi de Galilée en Bethleem, afin de s'enrooller avec Marie la femme qu'il avoit épousée, laquelle estoit enceinte.]

Secondement, [Elle enfanta un fils son premier nay, & elle l'enveloppa de drappeaux; & elle le coucha dans une créche.]

Troisiémement, En ce temps-là [il s'assembla avec l'Ange un grand nombre de la milice celeste, loüant Dieu, & disant, Gloire à Dieu és lieux tres-hauts.]

DES PASTEVRS.
En S. Luc chap. 2.

PRemierement, La Nativité de IESUS-CHRIST est revelée par l'Ange aux Pasteurs. [Ie vous annonce une grande joye, &c. parce qu'il vous est né aujourd'huy un Sauveur, &c.]

Secondement, Les Pasteurs se hastent d'aller en Bethleem[& ils vinrent en haste, & ils trouverent Marie & Ioseph & l'enfant mis dans une créche.]

Troisiémement,[Et les Pasteurs s'en revinrent glorifiant, & loüant Dieu, &c.]

M   DE

Vocatum est nomen ejus IESVS. Luc. 2.21.

DE LA CIRCONCISION.

En S. Luc chap. 2.

PRemierement, On circoncit l'Enfant.

Secondement, (On appella son nom Iesus, qui avoit esté nommé par l'Ange, avant que l'enfant fust conçu dans le ventre.)

Troisiémement, l'enfant fut rendu à sa mere, qui luy compatissoit pour le sang qu'elle luy avoit vû respandre.

Invenerunt puerum cum MARIA Mater.
Mat. 2. v. 11.

DES TROIS ROYS MAGES

En S. Matthieu chap. 2.

PRemierement, Trois Mages Roys sont venus pour adorer l'Enfant Iesus, conduits par une étoille, dont ils rendirent ce témoignage. (Car nous avons vû son étoille en Orient, & nous sommes venus l'adorer.)

Secondement, (En se prosternant ils l'adorerent, & ayant ouvert leurs tresors, ils luy offrirent pour présens, de l'or, de l'encens, & de la myrrhe.)

Troisiémement, (Leur ayant esté respondu en songe, qu'ils ne retournassent point à Herodes, ils s'en revinrent à leurs païs par un autre chemin.)

Purificatio Virginis Dei Matris. *Luc. 2.*

DE LA
PVRIFICATION
DE LA BIEN-HEUREUSE
VIERGE,
ET DE
LA PRESENTATION
DE L'ENFANT JESUS.

En S. Luc. chap. 2.

PRemierement. Ils porterent Iesus au Temple, pour le presenter à Dieu comme un premier nay, offrant pour luy le present accoutumé. (Une paire de tourterelles, ou deux pigeonneaux.)

Secondement, Simeon arrivant à cette mesme heure-là au Temple. [Le prit entre ses bras, & benit Dieu, & dit; maintenant, Seigneur, vous laissez aller votre serviteur, &c.]

Troisiémement. Anne [survenant faisoit son aveu au Seigneur, & parloit de luy à tous ceux qui attendoient la redemption d'Israël.]

Fuge in Ægyptum. *Matth.* 2.

DE LA FUITE
EN EGYPTE.

En S. Matthieu chap. 2.

PRemierement, Herodes voulant tuer le petit enfant Iesus, fit mettre à mort les Innocens, Ioseph ayant esté averty auparavant de s'enfuir en Egypte. [Levez-vous, & prenez l'enfant, & sa mere, & fuyez en Egypte.]

Secondement, Joseph prit son chemin vers l'Egypte [lequel se levant de nuit, &c. se retira en Egypte.]

Troisiémement [Et il demeura là jusqu'à la mort d'Herode.]

DU RETOUR
D'EGYPTE.

En S. Matthieu chap. 2.

PRemiérement, S. Joseph est averty par l'Ange de retourner en la terre d'Israël, [Levez vous, & prenez l'enfant, & la mere, & allez en la terre d'Israël.]

Secondement. [Lequel se levant, &c. vint en la terre d'Israel.]

Troisiémement. Parce qu'Archelaus fils d'Herode regnoit en la Judée, il se retira à Nazareth.

DE

Vita Christi Domini vsq; ad Baptismum. *Luc.2*
177.

DE LA VIE
DE NOSTRE SEIGNEVR
DEPUIS LA
DOUZIE'ME ANNE'E
DE SON AAGE,

Jusqu'a la trentie'me.

En S. Luc chap. 2.

PRemiérement, Comme il estoit sujet, & obeissant à ses parens.

Secondement, [Il profitoit en sagesse, en âge, & en grace, &c.]

Troisiémement, Il semble qu'il ait éxercé le mestier de charpentier, puisque S. Marc, chap. 6. dit [celuy-cy, n'est-il pas charpentier ?]

Les Exercices Spirituels

DE LA MONTE'E AV TEMPLE A L'AAGE DE DOUZE ANS.

En S. Luc, chap. 2.

PRemierement, Jesus estant âgé de douze ans, alla de Nazareth en Ierusalem.

Secondement, Il y demeura sans que ses parens en sceussent rien.

Troisiémement, Apres trois jours, ils le trouverent dans le Temple assis parmy les Docteurs, & comme ils luy demanderent la cause de son retardement, il leur répondit. [Ne sçaviez vous pas, qu'il faut que je sois, où les interests de mon Pere demandent que je sois.]

Descendit Spiritus Santus corporali specie sicut columba in ipsum. *Luc. 3.*
179.

DE SON BAPTESME.

En S. Matthieu, chap. 3.

PRemierement, Aprés qu'il eut pris congé de sa Mere, il alla de Nazareth au fleuve du Jourdain, où Iean baptizoit alors.

Secondement, Il fut baptizé par Jean, qui s'excusa d'abord sur son indignité, mais il y fut obligé par ces paroles. [Souffrez-le maintenant, parce que c'est ainsi qu'il faut que nous accomplissions toute la Justice.]

Troisiémement, Le S. Esprit descendit sur luy, & l'on oüit une voix du Ciel, rendant ce tesmoignage. [Cettuy-cy est mon Fils bien aymé, en qui j'ay pris mes complaisances.]

Dic vt lapides isti panes fiant. *Matth: 4.*

de Saint Ignace.

DE LA TENTATION
DE JESUS-CHRIST.

En S. Luc, chap. 4. & S. Mathieu, chap. 4.

PRemierement, JESUS-CHRIST se retira au desert aprés son baptesme, & il y jeusna pendant quarante jours, & autant de nuits.

Secondement, Il fut tenté de l'ennemy par trois fois.[Le tentateur s'approchant, luy dit, Si vous estes Fils de Dieu, commandez que ces pierres se changent en pain. Jettez vous en bas. Je vous donneray tout cela, si vous m'adorez en vous prosternant en terre.]

Trosiémement, [Les Anges vinrent, & ils le servoient.]

Venite ad me oes qui laboratis & ego reficiã uos.

DE LA VOCATION
DES APOSTRES.

PRemierement, Il semble que S. Pierre, & S. André ayent esté appéllez par trois fois. La premiere, pour avoir la simple connoissance de JESUS-CHRIST, *en S. Iean chap.* 1. La seconde, pour une suitte passagere, avec dessein qu'ils retournassent à la pesche, *en S. Luc, chap.* 3. La derniere, pour une suite perpetuelle, *en S. Matth. chap.* 4. *& en S. Marc. chap.* 1.

Secondement, Il appella les enfans de Zebedée, *en S. Matth. chap.* 4. & Philippe, *en S. Iean chap.* 1. & Matthieu, *en S. Matthieu chap.* 3.

Troisiémement, Les autres furent appellez, quoy que l'Euangile ne fasse pas une mention expresse de la vocation de quelques-uns, ny de l'ordre des vocations.

Il faut icy peser trois choses.

Premiérement, comme les Apostres estoient de basse condition. Secondement, à combien haute dignité, & avec quelle douceur ils ont esté appellez. Troisiémement, à quels dons de grace ils ont esté eslevez par dessus tous les Peres de l'ancien Testament, & les Saints du nouveau.

Quodcumque dixerit vobis, facite.
Ioan. 2. v. 5.

DU PREMIER MIRACLE
DE IESVS CHRIST
FAIT AUX NOPCES.

En S. Iean chap. 2.

PRemierement, Iesus-Christ a esté invité aux nopces avec ses Disciples.

Secondement, Sa Mere l'avertit que le vin manquoit ; [Ils n'ont point de vin] & elle dit à ceux qui servoient,[faites tout ce qu'il vous dira.]

Troisiémement, Notre Seigneur changea l'eau en vin [& il manifesta sa gloire, & ses Disciples crurent en luy.]

DES NEGOTIANS
CHASSEZ DV TEMPLE
LA PREMIERE FOIS.

En S. Iean chap. 2.

PRemierement, Il chassa du Temple ceux qui y vendoient, & qui y achetoient, aprés qu'il eut fait un foüet de cordellettes.

Srcondement, [Il répandit à terre l'argent des banquiers, & il renversa leur tables.]

Troisiémement, Il dit avec douceur à ceux qui vendoient des colombes [oftez cela d'icy, & ne faites point une maison de trafic de la maison de mon Pere.]

Aperiens os suum docebat eos. *Matth.5.*

DU SERMON
QVE IESVS CHRIST
FIT SUR LA MONTAGNE.
En S. Matthieu chap. 5.

PRemierement, Iesus-Christ exposa huit sortes de beatitudes à ses bien aymez Disciples. Bienheureux les pauvres d'esprit; les debonnaires; ceux qui pleurent; qui ont faim & soif de la Iustice; les misericordieux; ceux qui ont le cœur net; les pacifiques; ceux qui souffrent persecution.

Secondement, Il les avertit de bien user des dons ou talens qu'ils ont receus. [Ainsi, que vostre lumiere luise devant les hommes, afin qu'ils voyent vos bonnes œuvres, & qu'ils glorifient vostre Pere qui est és Cieux.]

Troisiémement, Il montre qu'il n'abolit pas la loy, mais qu'il l'accomplit, expliquant les préceptes d'éviter l'homicide, le larcin, la fornication, le parjure; & d'aymer aussi ses ennemis, faites du bien à ceux qui vous haïssent.]

Les Exercices Spirituels

DE LA TEMPESTE
DE LA MER APPAISE'E.

En S. Matthieu, chap. 8.

PRemierement, Lors que Iesus-Christ dormoit, il s'esleva une grande tempeste en la mer.

Secondement, Les Disciples effrayez, le resveillerent de son sommeil, & il les reprit de leur peu de foy Que craignez vous, gens de petite foy?]

Troisiémement, Il commanda aux vents & à la mer de s'appaiser, & il se fit aussi-tost un grand calme; dont les hommes disoient [Quel est cetuy-cy, que les vents & la mer luy obeïssent?]

Domine salvum me fac. *Matth.* 14.
189.

DV MARCHER
SUR LES EAUX
En S. Matthieu, chap. 14.

PRemierement, Iesus-Christ estant encore sur la montagne, aprés qu'il eut commandé à ses Disciples de s'en aller dans la nacelle, & ayant congedié le peuple, il monta seul plus avant sur la montagne, afin de prier.

Secondement, La nacelle estant tourmentée de nuit, il y vint en marchant sur les eaux, dequoy les Disciples estans espouvantez, ils jugerent que c'estoit un phantosme.

Troisiémement, Aprés qu'il leur eut dit [c'est moy, ne craignez point.] S. Pierre luy demanda permission d'aller à luy ; & comme il marchoit sur les eaux, il commença d'enfoncer à cause de la crainte qui le saisit. Iesus-Christ le reprenant de son peu de foy, entra dans la nacelle, & le vent cessa.

DES APOSTRES.
ENVOYEZ PRESCHER.
En S. Matthieu, chap. 10.

PRemierement, Iesus ayant assemblé ses Disciples il leur donna le pouvoir de chasser les diables des corps des hommes, & de guerir toutes sortes de maladies. Secon-

Secondement, Il leur enseigna la prudence, & la patience [Voila que je vous envoye comme des brebis parmy les loups ; soyez prudens comme des serpens, & simples comme des colombes.]

Troisiémement, Il leur expose la maniére de leurs voyages [Vous avez reçeu gratuitement, donnez gratuitement. Gardez vous bien de posseder ny or, ny argent.] Et il leur prescrit la matiere de leurs predications. [Or en vous en allant, preschez, disant, que le Royaume des Cieux approche.]

DE LA CONVERSION
DE LA MAGDELEINE.

En S. Luc. chap. 7.

PRemierement, Iesus estant assis à table dans la maison d'un Pharisien, une femme entra qui avoit esté pecheresse dans la ville. Portant avec elle une boëtte d'albastre pleine de parfum.

Secondement, Estant debout derriere, elle commença à arroser les pieds de Iesus-Christ de ses larmes, & à les essuyer de ses cheveux, à les baiser, & à les parfumer.

Trosiémement, Le Pharisien l'ayant blasmée, Jesus-Christ la defendit, & dit au Pharisien Beaucoup de pechez luy sont remis, à cause qu'elle a beaucoup aymé.] Et puis à elle [Vostre foy vous a sauvé, allez en paix.]

DE

Eduxerunt et bajulans sibi crucem exivit. Joan. 19.
207.

DE
CINQ MILLE HOMMES
RASSASIEZ.

En S. Matthieu, chap. 14.

PRemierement, Les Disciples prioient Iesus de congedier les trouppes qui estoient-là.

Secondement, Il commande qu'on apporte les pains qu'ils avoient;& les rompant aprés les avoir benis, il les presenta aux Disciples, pour estre donnez à manger aux trouppes, qu'ils avoient fait asseoir.

Troisiémement, Elles mangerent jusqu'à en estre rassasiéez,& il en resta douze corbeilles.

Les Exercices Spirituels

DE LA
TRANSFIGVRATION
JESUS-CHRIST.

En S. Matthieu, chap. 17.

PRemierement, Iesus ayant pris avec soy trois Disciples, ses bien-aymez, Pierre, Jean, & Jacques, [Il se transfigura devant eux ; sa face esclatta comme le Soleil, & ses vestemens devinrent blancs comme la neige.]

Secondement, Il parloit avec Moyse & Elie.

Troisiémement, Pierre demandant qu'on fist là trois tabernacles, une voix fut entenduë du Ciel [Celuy-cy est mon Fils bien aymé, escoutez-le] dont les disciples ayant esté épouvantez, ils tomberent à terre sur leur visage ; & Jesus dit en les touchant [Levez-vous, & ne craignez point, &c. Ne parlez à personne de la vision, jusqu'à ce que le Fils de l'homme ressuscite.]

DE LA
RESVRRECTION
DU LAZARE.

En S. Iean, chap. 11.

PRemierement, Jesus aprés avoir oüy la nouvelle de la maladie du Lazare, demeura encore deux jours où il estoit, afin que le miracle fust plus évident.

Secondement, Avant que de ressusciter le mort, il resveille la foy des deux sœurs. [Ie suis la resurrection & la vie ; celuy qui croit en moy, bien qu'il ait esté mort, il vivra.]

Troisiémement, Ayant pleuré avec les assistans, & prié auparavant, il le ressuscita ; & la maniére dont il usa pour le ressusciter, fut par un commandement : [Lazare, venez dehors.]

DV SOVPER
EN BETHANIE.

En S. Matthieu, chap. 26.

PRemierement, IESUS-CHRIST fouppoit en la maifon de Simon le lepreux, & le Lazare auffi.

Secondement, Marie efpancha du parfum fur la tefte de IESUS.

Trofiémement, Iudas murmure. [A quoy bon cette perte?] IESUS-CHRIST excufe Magdeleine pour la feconde fois. [Pourquoy moleftez vous cette femme? Car elle a fait nne bonne œuvre envers moy.]

De ingressu Ierosolymam die Palmarum.
Mat. 21. Mar. 11.
Luc. 19. Ioa. 12.

DU JOUR
DES RAMEAVX,

En S. Matthieu, chap. 21.

PRemierement, Iesus commanda qu'on amenaſt une aſneſſe & ſon poulain. [Deſliez-le, & amenez-le moy; & ſi l'on vous dit quelque choſe, dites, que le Seigneur à affaire d'eux, & auſſi-toſt on les laiſſera aller.]

Secondement, Il monte ſur l'aſneſſe que les Apoſtres avoient couverte de leurs veſtemens.

Troiſiémement, Le peuple, pour le recevoir, en luy allant au devant tapiſſoit les chemins de ſes habits, & de rameaux qu'il rompoit des arbres, & il chantoit. [Gloire ſoit au fils de David, beny eſt celuy qui vient au nom du Seigneur. Gloire ſoit aux lieux tres-hauts.]

DE SA PREDICATION.
DANS LE TEMPLE.

En S. Luc chap. 19.

PRemierement, Il enſeignoit tous les jours dans le Temple.

Secondement, Sa Predication eſtant achevée, il retournoit en Bethanie, ſans que perſonne le retiraſt chez ſoy, dans Ieruſalem.

Accipite et comedite: HOC EST CORPVS MEVM
199. Mat:26.

DV DERNIER SOVPPER.

En S. Matthieu, chap. 26. & en S. Iean, chap. 13.

PRemierement, Il mangea l'Agneau Paschal avec ses Disciples, & il les avertit de sa mort qui approchoit. [Je vous dis en verité, qu'un de vous me trahira.]

Secondement, Il leur lava les pieds, & à Judas mesme, en commençant par Pierre, qui s'y opposoit dans la consideration de la Majesté de Iesus-Christ, & de son indignité. [Seigneur est-il bien possible que vous me laviez les pieds?] Il ne sçavoit pas que Nostre Seigneur donnoit un exemple d'humilité, comme il declara aprés. [Car je vous ay donné exemple, afin que vous fassiez de la maniére que j'ay fait.]

Troisiémement, Il institua le tres saint Sacrement de l'Eucharistie pour témoignage d'une souveraine dilection, en se servant de ces paroles. [Prenez & mangez, &c.] Or le soupper estant achevé, Judas sortit pour le vendre.

Tristis est anima mea vsque ad mortem.
Matth. 26.

DES MYSTERES
QUI SE PASSERENT
APRES LE SOVPPER,
ET DANS LE JARDIN

En S. Matthieu, chap. 26. & en S. Marc, chap. 14.

PRemierement, Le foupper eſtant achevé, & l'hymme récité, Iesus-Christ s'en alla avec ſes onze Diſciples ſaiſis de crainte, à la montagne des Olives & il commanda a huit de s'arreſter à Gethſemani. [Demeurez icy, juſqu'à ce que je m'en aille la & que je prie.]

Secondement, En ayant mené trois avec ſoy, Pierre, Jacques, & Jean, il pria par trois fois, en diſant, [Mon Pere, s'il eſt poſſible que ce calice s'éloigne de moy; neanmoins qu'il ne ſoit pas fait comme je veux, mais comme vous le voulez.] Et eſtant en agonie il prioit plus long-temps.

Troiſiémement, Ayant permis que la crainte l'euſt réduit juſqu'au point de dire, [Mon ame eſt triſte juſqu'à la mort.] Il ſua meſme du ſang en abondance, ſelon le teſmoignage de S. Luc. [Sa ſueur devint comme de ſang qui couloit à terre.] D'où l'on peut inferer, que deſlors ſes habits furent tout trempez de ſang.

DE

DE LA PRISE
DE JESUS-CHRIST.
ET DE SA CONDVITE
A LA MAISON D'ANNE

En S. Matthieu chap. 26. En S. Luc chap. 22. En S. Marc, chap. 14. en S. Iean, chap. 18.

PRemierement, Notre Seigneur permit que Iudas le trahit par un baiser, & que l'on se saisit de luy comme d'un larron. [Vous estes sorty comme un larron, avec des espées & des bastons, pour me prendre; I'estois tous les jours assis parmy vous enseignant dans le Temple, & vous ne m'avez pas arresté. Et sur cette demande qu'il leur fit. [Qui cherchez vous?] Tous ses ennemis tomberent par terre à la renverse.

Secondement, Pierre frappant le serviteur du Pontife, IESUS luy dit. [Mettez vostre espée dans le fourreau.] Et il guerit le serviteur.

Troisiémement, Estant pris & abandonné par ses Disciples, il est traisné à la maison d'Anne, où il fut renié une fois par Pierre, qui avoit suivy un peu apres; & il receut un soufflet d'un certain valet qui luy objecta, [Est-ce ainsi, que tu responds au Pontife.

DES

Ob moderatissimum responsum alapâ fœdissimâ percutitur à ministro.

GESTA IN CARCERE CAIPHÆ.

DES CHOSES
QUI SE PASSERENT
ENSUITE DANS
LA MAISON DE CAIPHE.

En S. Matthieu chap. 26.

PRemierement, On fait sortir de chez Anne Jesus-Christ lié, & on le méne à la maison de Caïphe, où Pierre le renia encore deux fois; & Notre Seigneur l'ayant regardé, [Il sortit dehors, & il pleura amérement.

Secondement, Jesus-Christ demeura lié toute cette nuit-là.

Troisiémement, Les bourreaux l'ayant entouré, se mocquoient de luy, le tourmentoient, & aprés luy avoir voilé la face, ils luy bailloient des soufflets, en l'interrogeant, Prophetise-nous, Christ, qui est celuy qui t'a frappé?] Et ils blasphemoient en d'autres manieres

DE L'ACCVSATION
DE JESUS-CHRIST
CHEZ PILATE.

En S. Matthieu, chap. 26. *En S. Luc. chap.* 23. *en S. Marc. chap.* 15. *& en S. Iean chap.* 18.

PRemierement, On fait aller deformais IESUS-CHRIST chez Pilate, & en sa presence il est calomnieusement accusé par les Iuifs, [Nous avons trouvé cét homme pervertissant nostre Nation, & défendant qu'on ne payast les tributs à Cesar.

Secondement, Pilate l'ayant éxaminé par deux fois differentes, fit son rapport aux Iuifs, [Je ne trouve aucun sujet en luy pour le condamner.

Troisiémement, Les Iuifs s'escriérent qu'ils aymoient mieux la délivrance du larron Barrabas, que celle de JESUS-CHRIST, [Que ce ne soit point celuy-cy, mais Barabbas,

DU RENVOY
DE IESVS-CHRIST
A HERODES
En S. Luc chap. 23.

PRemieremnt, Pilate renvoya Iesus-Christ à Herodes, estant persuadé qu'il estoit Galiléen.

Secondement, Herodes luy faisant de demandes curieuses, il ne luy répondit rien du tout, quoy qu'il fust fortement accusé par les Iuifs.

Troisiémement, Il fut méprisé d'Herodes, & de ses gens de guerre, & habillé d'une robbe blanche.

DV RETOVR A PILATE
DE CHEZ HERODE.

En S. Matthieu, chap. 27. en S. Luc, chap. 23. en S. Marc, chap. 15. & en S. Iean chap. 19.

PRemierement, Herodes renvoya Iesus-Christ à Pilate, & ayant esté ennemis jusqu'à lors, ls furent reconciliez ensemble ce mesme jour-là.

Secondement, Pilate commanda qu'on flagella Iesus-Christ. Les Soldats le couronnérent d'épines, & l'habillerent de pourpre ; puis en se mocquant, ils disoient, [Ie te saluë Roy des Iuifs.] Et en mesme temps il luy donnoient des soufflets.

Troisiémemeut,[Iesus sortit donc portant une Couronne d'espines,& un vestement de pourpre,& Pilate leur dit, [Voyla l'homme.] Mais les Pontifes crioient emsemble,[Crucifiez-le, Crucifiez-le.]

DE

prehendit Pilatus Iesum, et flagellavit
Joan: 19.

Imponunt ei plectentes spineam coronam.
Marc. 15.

DE LA
CONDAMNATION.
ET DU CRUCIFIMENT
DE IESVS-CHRIST.
En S. Iean chap. 19.

PRemiérement, Pilate assis sur son Tribunal, jugea Iesus-Christ, & le condamna à estre crucifié, aprés que les Iuifs ayant nié qu'il fut leur Roy, eurent dit, [Nous n'avons point d'autre Roy que Cesar.]

Secondement, Iesus-Christ, porta sa Croix, jusqu'à ce que les forces luy manquant, un certain Simon Cyrenéen fut contraint de la porter aprés luy.

Troisiémement, Il fut crucifié entre deux larrons, avec l'inscription de ce titre. [Iesus Nazareen Roy des Iuifs.]

Pass.e.uobis reliq.ns exēplū, ut sequam: uestigia ei?
I. Pebz

DES MYSTERES.
QUI SE PASSERENT
A LA CROIX.

En S. Matthieu, chap. 27. en S. Luc, chap. 23. en S. Iean, chap. 19.

PRemierement, Il souffrit des blasphemes à la Croix, [Te voila toy, qui destruits le temple de Dieu, &c. descens de la Croix.] Et ses habits furent partagez.

Secondement, Jesus-Christ prononça sept paroles à la Croix, qui furent; de prier pour ceux qui le crucifioient, de pardonner au larron, de recommander sa Mere & Jean l'un à l'autre : de s'escrier. [J'ay soif] & alors ils l'abreuverent de fiel : de dire, qu'il estoit abandonné de son Pere. Puis [Tout est consommé] & finalement [Mon Pere, je recommande mon ame entre vos mains.]

Troisiémement, Le Ciel s'obscurcit lors qu'il expira, les pierres se fendirent, les sepulchres s'ouvrirent, le voile du temple se déchira depuis le haut jusqu'en bas ; & son costé percé d'une lance, rendit de l'eau & du sang.

Posuit illum in monumento suo novo. *Matth.27.*

DU MYSTERE
DE LA SEPVLTVRE.

Là mesme.

PRemierement, Notre Seigneur mort, fut ofté de la Croix par Ioseph, & par Nicodeme, en présence de sa Mere tres-affligée.

Secondement, Le corps embaumé & enseuely, fut porté au tombeau.

Troisiémement, On apposa des Gardes au tombeau.

Convertisti planctum meum in gaudium mihi.
Psal. 29. v. 12.

DE LA RESVRRECTION
JESUS-CHRIST.
ET DE SA PREMIERE
APPARITION.

Noſtre Seigneur aprés eſtre reſſuſcité, apparut premierement à ſa Mere, puiſque l'Eſcriture dit qu'il apparut à pluſieurs. Car bien qu'elle ne raconte pas nommément cette apparition, elle nous la laiſſe à tenir pour certaine, comme à des perſonnes qui ont de l'intelligence; autrement nous entendrions avec raiſon, [Et vous auſſi, eſtes vous encore ſans entendement?]

Apparuit primo Mariæ Magdalenæ. Marc. 16.

DE LA SECONDE APPARITION.

En S. Marc, chap. 16.

PRemierement, Marie Magdeleine, sœur de Iacques, & Salomé, allerent de grand matin au tombeau, disant entr'elles, [Qui nous ostera la pierre de la porte du monument.]

Secondement, Elles virent la pierre ostée, & elles oüirent les paroles de l'Ange, [Vous cherchez Iesus Nazaréen crucifié: il est ressuscité, il n'est pas icy.]

Troisiémement, Il apparut à Marie Magdeleine, laquelle estoit restée au tombeau aprés le départ des autres.

DE LA TROISIEME APPARITION.

En S. Matthieu chap. dernier.

PRemierement, Les femmes revenoient du monument avec une grande crainte, & une grande joye tout ensemble, afin de raconter aux Disciples tout ce qu'elles avoient apris de la Resurrection de nostre Seigneur.

Secondement, Iesus-Christ leur apparoissant en chemin, dit, [Je vous saluë.] Et elles s'approchant, & s'étant prosternées à ses pieds, l'adorerent.

Troisiémement, Nostre Seigneur leur dit, [Ne craignez point. Allez: dites à mes freres qu'ils aillent en Galilée, là ils me verront.]

DE LA QVATRIE'ME APPARITION.

En S. Luc. chap. dernier.

PRemierement, Pierre ayant appris des femmes la Resurrection de IESUS-CHRIST, courut au monument.

Secondement, Estant entré au dedans, il voit les linges seuls, dont le corps avoit esté enveloppé.

Troisiémement, IESUS-CHRIST apparut à Pierre, tandis qu'il pensoit à ces choses, d'où vient que les Apostres disoient. [Le Seigneur est veritablement ressuscité, & il a apparu à Simon.]

Qui sunt hi sermones, quos confertis ad invicem.
Luc. 24

DE LA CINQVIE'ME
APPARITION.
Là mesme.

PRemierement, Depuis il a apparu à deux Disciples, lors qu'ils alloient à Emaüs, & qu'ils parloient de luy ensemble.

Secondement, Il reprit leur incredulité, & il leur exposa les mysteres de la Passion & de la Resurrection. [O fols, & tardifs de cœur à croire ce que les Prophetes on dit! N'a-t-il pas fallu que le CHRIST enduraſt ces choses, & qu'il entraſt ainsi dans son Royaume.]

Troisiémement, Il demeura avec eux, en estant prié, & aprés leur avoir rompu le pain, il disparut : & eux sur l'heure mesme estant retournez en Jerusalem, declarerent aux Apostres, comme ils l'avoient veu, & reconnu en la rupture du pain.

DE LA SIXIE'ME
APPARITION.
En S. Iean chap. 20.

PRemierement, Tous les Disciples à la reserve de Thomas, estoient assemblez dans la maison de peur des Juifs.

Secondement, IESUS-CHRIST estant entré les portes fermées. [Se tint au milieu, & il leur dit, la paix soit avec vous.]

Troisiémement, Il leur donna le S. Esprit, & dit. [Recevez le S. Esprit ; ceux à qui vous remettrez les pechez, leur seront remis, &c.]

Infer digitum tuum huc, et vide manus meas
219. Joan. 20.

DE LA SEPTIEME
APPARITION.
Là mesme.

PRemierement, S. Thomas n'ayant pas assisté à la susdite apparition, avoit protesté, [Si je ne vois, je ne croiray point.]

Secondement, Huit jours aprés, les portes estant encore fermées, Jesus-Christ se présenta pour estre veu, & dit à S. Thomas, [Portez icy vostre doigt, & voyez, &c. & ne soyez pas incredule, mais fidelle.]

Trosiémement, Thomas s'écria [Mon Seigneur & mon Dieu] & Iesus-Christ luy repartit [Bienheureux sont ceux qui n'ont pas veu, & qui ont creu.]

DE LA HVITIEME
APPARITION.
En S. Iean, chap. dernier.

PRemierement, Jesus-Christ se fit encore voir à sept Disciples qui peschoient ; lesquels n'ayant rien pris toute la nuit, apres qu'ils eurent jetté leur filet par son commandement, [N'avoient pas desormais assez de force pour le tirer, tant la multitude des poissons estoit grande.]

Secondement, Jean le reconnoissant par ce miracle, dit à Pierre, [C'est le Seigneur] lequel se jettant promtement dans le mer, s'approcha de Iesus-Christ.

Troisiémement, Il leur donna du pain, & du poisson à manà manger. Puis ayant interrogé Pierre par trois fois, s'il l'aymoit il luy recommanda son bercail, [Paissez mes oüailles.]

DE LA NEVFIE'ME
APPARITION.
En S. Marc, chap. dernier.

PRemierement, Les Disciples s'en vont à la montagne de Thabor par le commandement de N. Seigneur.

Secondement, En leur apparoissant, il dit, [Tout pouvoir m'est donné au Ciel & à la terre.]

Troisiémement, En les envoyant prescher par tout le monde, [il leur fit ce commandement,] Allez donc, & enseignez toutes les nations en les baptizant au nom du Pere, & du Fils, & du Saint Esprit.

DE LA DIXIE'ME
APPARITION.
En la premiere aux Corinthiens, chap. 15.

[APrés cela il s'est fait voir à plus de cinq cens fidelles ensemble.]

DE L'ONZIE'ME
APPARITION.
Là mesme.

APrés il apparut à Iacques.

D

DE LA DOVZIEME
APPARITION.

ON lit dans quelques historiens sacrez, que IESUS-CHRIST apparut aussi à Ioseph d'Arimathie : ce qui est vray-semblable, & pieux à mediter.

DE LA TREISIEME
APPARITION.

En la premiere aux Corinthiens, chap. 15.

IL a encore apparu à S. Paul aprés l'Ascension, [Finalement aprés tous les autres, il s'est fait aussi voir à moy comme à un avorton.] dit Saint Paul mesme.

De plus il apparut quant à son ame aux Peres dans le Lymbe, & aprés qu'ils en ont esté tirez.

Enfin ayant repris son corps, il apparoissoit ordinairement aux Disciples, & il traittoit souvent avec eux.

Data est mihi omnis potestas in cælo et in terra. *Mat. 28.*

DE L'ASCENSION
DE JESUS-CHRIST.

Aux Actes, chap. 1.

PRemierement, Aprés que Iesus-Christ, se fut déja montré vivant plusieurs fois à ses Disciples l'espace de 40. jours, [Par quantité de preuves &c. En leur parlant du Royaume de Dieu.] Il les envoya en Jerusalem, afin d'y attendre le Saint Esprit qui leur avoit esté promis.

Secondement, Il les fit aller à la montagne des Olives [Et eux le voyant, il fut eslevé, & une nuée le receut, & le desroba à leurs yeux.

Troisiémement, Lors qu'ils envisageoient le Ciel, il leur fut dit par deux hommes habillez de blanc, qui se trouverent présens, & que nous croyons avoir esté des Anges. [Hommes Galiléens, pourquoy vous arrestez-vous icy à regarder le Ciel? Ce Jesus qui s'est retiré de vous pour monter au Ciel, viendra de la mesme façon que vous l'avez veu aller au Ciel.]

Heu quã sordet tell. cũ cœlum aspicio. S. Ign.

CONTEMPLATION
DU PARADIS.

L'Oraison preparatoire, à l'accoustumée.

LE 1. Prelude sera de monter au Ciel par imagination, lieu tres-ample, tres-beau, & tres-agreable, & se presenter devant la Majesté de Dieu, & ses Saincts, tous propices & favorables.

Le 2. Prelude, l'on demande grace de pouvoir penetrer avec l'esprit, que c'est que Dieu a preparé à ceux qui l'aiment.

Le 1. poinct sera, de contempler ce grand lieu, auquel l'homme doit faire sa demeure eternellement. Car c'est une cité (comme il conste par l'Apocalypse 21.) ayant de quarreure douze mil stades: sa longueur & sa hauteur sont pareilles, les fondements des murailles y sont ornez de toutes sortes de pierres precieuses; l'architecture & fabrique de ses murs sont de jaspe; Elle a douze portes, chacune desquelles est bastie de diverses pierreries; la pavé est tout d'or pur, à guise d'un verre fort luisant, & la cité n'a besoin de Soleil ny du Lune pour estre éclairée, car la clarité de Dieu l'illumine, & n'y a point de nuit en icelle.

Le 2. Poinct, considerer combien grande sera la joye & felicité de l'homme, quand il verra son corps estre agile, subtil, impassible & resplendissant: car chaque Sainct au Ciel l'aura plus clair que le Soleil, à toute l'éternité: où ils n'auront plus de faim, ny de soif, & l'ardeur

deur du Soleil ne les touchera plus, ny aucune chaleur immoderée: il n'y aura plus de mort ny de gemissement, ny cris, ny douleur, pour ce que tout cela s'en est allé.

Le 3. Poinct sera, de considerer la joye de l'homme voyant la Majesté de la nature divine, avec cette incomprehensible generation & procession des personnes de la tres-saincte Trinité, avec tous les autres attributs de Dieu, comme sa Toute-puissance, son immense Sapience, sa Souveraine Bonté, & autres infinies perfections, avec la beauté & varieté des Cieux, & de toutes les choses creées, lesquelles se verront en Dieu comme dans un tres-clair miroir.

Le 4. Poinct sera, de contempler la gloire de l'homme rendu capable de se presenter devant la face de l'humanité tres-glorieuse de JESUS-CHRIST deïfiée & exaltée sur toute autre creature jusques à la dextre de Dieu son Pere: Car il verra en JESUS-CHRIST reluire tous les mysteres de nostre saincte foy, & cognoistra l'admirable union du Verbe divin avec nostre nature humaine, & la maniere ineffable de la presence de JEsus-CHRIST nostre Seigneur, au tres-auguste Sacrement de l'Autel, Il entendra pareillement les causes de ses tourmens, mort & passion, & le comble de tous les merites, par lesquels il satisfait abondamment à la divine justice pour nos pechez: & comme il nous a adoptez pour ses enfans, & faits Rois & heritiers du Royaume des Cieux.

Le 5. Poinct sera, de contempler la felicité, de laquelle joüyront tous les bien-heureux de la compagnie de

la

la tres-saincte Vierge, colloquée à la dextre de son fils, reveftuë d'un veftément de broderie d'or, des Anges fervans à Dieu, car mille milliers luy fervent, & dix mille millions luy affiftent, avec la grande & innombrable multitude des citoyens du Ciel, loüans & beniffans Dieu; lefquels, quoy que congregez de toutes les nations, tribus & langues, toutes fois feront tres-fagement colloquez chacun felon leur ordre & dignité en un fiege correfpondant à fon merite. En telle maniere neantmoins, que l'un joüyray du bien & felicité de l'autre, comme de la fienne propre.

Le 6. Poinct fera, de penfer à la joye, de laquelle feront abforbez les bien-heureux, pour l'affeurée & perpetuelle poffeffion de fi grands biens : recognoiffans la bonté de Dieu en leur endroict, pour les avoir delivrez du joug du Diable, des lacqs du Monde, des alle-chemens de la chair : & que nonobftant la grande multitude de ceux qui fe font perdus, ils joüyffent du repos eternel d'une vie heureufe & immortelle, & abreuvez du torrent de volupté, inceffamment chantans ce Cantique, Benediction, & clarté, & fapience, action de graces, honneur, vertu & force à noftre Dieu és fiecles de fiecles. Ainfi foit-il.

La Contemplation fe terminera par un ou plufieurs Colloques, felon l'affection d'un chacun, avec le *Pater nofter.*

Quelques regles pour discerner les mouvemens de l'ame causez par les divers esprits, afin d'admettre seulement les bons, & de rejetter les mauvais.

Il faut remarquer, Que ces regles conviennent principalement aux Exercices de la premiere Semaine.

LA premier Regle est, Qu'à ceux qui tombent aisément dans le péché mortel, & qui ajoutent péché sur péché, nostre ennemy à coutume de presenter presque toujours des alle-chemens de la chair, & des plaisirs des sens, afin des les tenir remplis de péchez, & de faire que sans cesse ils en augmentent le monceau. Au contraire le bon esprit leur picque incessamment la conscience, & par le moyen de la synderese & de la raison, il leur donne de l'horreur du péché.

La seconde, Qu'aux autres personnes qui entreprennent soigneusement de se nettoyer de tous les vices, & de tous les péchez, & qui s'avancent de plus en plus dans l'estude du service de Dieu, le mauvais esprit cause des fâcheries, des scrupules, des tristesses, de faux raisonnemens, & d'autres troubles semblables, afin d'empescher le profit qu'ils font. Au contraire il appartient proprement au bon esprit, & c'est son ordinaire, d'encourager & de fortifier ceux qui font bien, de les consoler, de leur procurer des larmes de dévotion d'eslairer leur esprit, de les tenir en paix, en ostant tous les empeschemens, afin qu'il s'avancent toujours avec plus de facilité, & avec plus de joye par les bonnes œuvres.

La

de Saint Ignace.

La troisiéme, Que l'on connoist la consolation estre veritablement spirituelle, quand l'ame par je ne sçay quelle émotion interieure s'enflamme en l'amour de son Createur, & ne peut plus aymer aucune creature sinon pour l'amour de luy. Semblablement lors qu'on verse des larmes qui excitent cet amour, soit qu'elles viennent de la douleur de nos péchez, ou de la méditation de la Passion de nostre Seigneur, ou de quelque autre sujet que ce soit, qui va droit au culte, & à l'honneur de Dieu. Enfin l'on peut appeller consolation tout accroissement de foy, d'esperance, & de charité: toute joye aussi qui porte l'ame ordinairement à la méditation des choses celestes, au soin de son salut, & à avoir la paix avec Dieu.

La quatriéme, Qu'au contraire l'on nomme désolation spirituelle, tout obscurcissement & trouble d'esprit, toute inclination qui porte aux choses basses & terrestres; enfin toute inquietude, agitation, ou tentation qui nous fait deffier de nostre salut, & qui nous oste l'esperance, & la charité, d'où vient que l'ame se sent triste, attiedie, & engourdie jusqu'à desesperer presque de la clemence de son Createur. Car comme la consolation est opposée à la désolation, de mesme les pensées qui naissent de l'une, sont entiérement contraires à celles qui viennent de l'autre.

La cinquiéme, Que pendant la désolation il ne faut rien conclure, ny changer de ses résolutions, ny du dessein que l'on avoit pris pour son genre de vie: mais il faut demeurer ferme dans ce qu'on avoit déterminé auparavant, lors qu'on estoit dans la consolation. Parce ce que comme c'est le bon esprit plûtost que le nostre, qui nous gouverne pendant la consolation ; aussi lors qu'on est en désolation, l'on est poussé par le mauvais esprit, lequel ne conduit jamais à rien de bon.

La sixiéme, Qu'encore que celuy qui est affligé de désolation, ne doive rien changer de ses résolutions précedentes : il sera neantmoins expedient de se pourvoir de ce qui peut rompre l'effort de la désolation, & d'augmenter en insistant davantage à l'Oraison avec examen de soy-mesme, & en faisant quelque penitence.

La septiéme, Que tandis que nous sommes travaillez de la désolation, nous devons penser que Dieu nous laisse à nous-mesmes pour ce temps là, afin de nous éprouver, & que mesme avec nos forces naturelles nous resistions aux assauts de l'ennemy : ce que nous pouvons sans doute, la grace divine nous assistant toujours, quoy que nous ne la sentions pas alors, à cause que Dieu a retiré la ferveur de la charité, en nous laissant toutefois la grace qui peut suffire pour faire le bien, & pour acquerir le salut.

La huitiéme, Que celuy qui est importuné de tentation est grandement aydé du soin qu'il prend de conserver la patience, comme estant opposée proprement à ces sortes de vexations, & leur resistant directement : il faut aussi qu'il pense, & qu'il espere que la consolation reviendra bien-tost, principalement si la vehemence de la tentation se ralantit par les saints efforts qui ont esté marquez en la sixiéme regle.

La neufiéme, Que les causes de la désolation sont trois

de Saint Ignace. 253

trois principalement. La premiere, noſtre pareſſe & tiedeur dans les Exercices de dévotion, qui merite que nous ſoyons privez de la conſolation divine. La ſeconde, afin d'eſprouver quels nous ſommes, & comment nous nous employons au ſervice, & à l'honneur de Dieu, ſans recevoir de luy la ſolde des conſolations & des dons ſpirituels. La troiſiéme, afin que nous ſoyons pleinement aſſeurez qu'il n'eſt pas en noſtre pouvoir, ny d'acquerir, ny de conſerver la ferveur de la dévotion, ny l'ardeur de l'amour divin, l'abondance des larmes, ou quelqu'autre conſolation interieure : mais que toutes ces faveurs ſont des dons gratuits de Dieu ; & que ſi nous nous les attribuons comme propres, nous ſerons coupables d'orgueil & de vanité, non ſans un grand danger de noſtre ſalut.

La dixiéme, Que pendant que quelqu'un joüit de la conſolation, il doit prévoir comment il ſe comportera lors que la déſolation ſe preſentera, afin que dés lors il faſſe proviſion de vigueur & de courage pour en rompre l'impetuoſité.

L'onziéme, Que luy-meſme pendant qu'il eſt dans la conſolation, s'humilie & ſe mépriſe ſoy-meſme autant qu'il pourra, en penſant a part ſoy-meſme autant qu'il pourra, combien il paroiſtra foible & manquera de courage, quand la déſolation l'attaquera, s'il n'eſt promtement ſecouru par l'aſſiſtance de la grace, & de la conſolation divine. Au contraire celuy qui eſt moleſté de déſolation, doit ſe perſuader qu'il peut beaucoup avec la grace de Dieu, & qu'il ſurmontera aiſément tous ſes ennemis, pourvû qu'il qu'il mette son esperance en Dieu, & qu'il fortifie son esprit.

La douziéme, Que nostre ennemy imite le naturel, & la façon d'agir des femmes, quant à la foiblesse des forces, & à l'opiniatreté de l'esprit. Car comme une femme qui est en querelle avec son mary, perd courage, & s'enfuit aussi-tost qu'elle le voit luy resister hautement & constamment ; mais si elle le reconnoist timide & fuyart, elle en vient au dernier point de l'insolence, & elle se jette sur luy avec outrage : De mesme le diable a coutume de manquer entiérement de cœur & de force, lors qu'attaquant un brave soldat de Iesus-Christ, il le voit résister aux tentations avec un cœur intrepide, & la teste levée: mais s'il le voit s'épouvanter aux premiers assauts, & comme perdre courage, il n'y a point de beste sur la terre qui soit plus feroce, ny plus impetueuse, & plus opiniâtre que luy, pour assouvir le desir de la méchante, & résoluë volonté qu'il a de nous perdre.

La treziéme, Que nostre mesme ennemy se comporte aussi comme un amant lascif, qui voulant séduire une jeune fille de bon lieu, ou la femme de quelqu'homme d'honneur, s'estudie par dessus tout, que les discours qu'il luy tient, & les desseins qu'il a, soient cachez, & il ne redoute rien tant, ny il n'a rien plus à contre-cœur, sinon que la fille les declare à son pere, ou la femme à son mary ; parce qu'il est bien persuadé que si cela arrive, ses desirs & ses peines seront perduës. De mesme le diable s'efforce tant qu'il peut, que l'ame qu'il veut tromper & perdre, tienne ses méchantes

tes suggestions secretes : mais il entre en indignation, & il est étrangement tourmenté si elle découvre ses menées, ou à un Confesseur, ou à un homme spirituel, parce qu'il sçait bien que par ce moyen-là il sera debouté de ses prétentions.

La quatriéme, Que nostre adversaire a coutume encore d'imiter un General d'armée, lequel voulant emporter d'assaut, & piller quelque bonne place, il en reconnoist premierement l'assiette & les fortifications, puis il l'attaque par l'endroit qu'il a jugé le plus foible. Car nostre ennemy tourne à l'entour de l'ame, & considere adroitement de quelles vertus ou morales ou theologales elle est mieux fournie, & de quelles plus dépourveuë : puis il dresse toutes ses machines, & il se jette avec furie sur la partie qu'il a reconnu la plus foible, & la plus mal gardée, esperant la renverser par là.

Autres Regles utiles pour avoir une plus entiére discretion des esprits, & qui conviennent principalement aux Execices de la seconde semaine.

LA Premiere est, Qu'il n'appartient qu'à Dieu & au bon Ange de verser une veritable joye spirituelle dans l'ame, qu'ils émeuvent en luy ostant toute la tristesse, & tout le trouble que le diable y a jetté. Celuycy au contraire ayant coutume de combattre une telle joye par des argumens captieux qui ont apparence de verite, lors qu'il l'a trouvée dans une ame.

La Seconde, C'est à Dieu seul qu'il appartient de consoler

consoler l'ame, sans qu'il ait precedé aucune cause de la consolation ; car c'est le propre du Createur d'entrer dans sa creature, & de la convertir toute en son amour, de l'attirer, & de la changer. Or nous disons, qu'il n'a precedé aucune cause, lors qu'il ne s'est rien presenté ny à nos sens, ny à vostre volonté qui puisse de soy produire une telle consolation.

La troisiéme, Toutes les fois qu'il a precedé quelque cause de la consolation, le bon, & le mauvais Ange en peuvent estre les auteurs, mais ils tendent à des fins contraires. Car le dessein du bon Ange, est, que l'ame profite d'avantage dans la connoissance, & dans la pratique du bien: & celuy du mauvais Ange, est, que l'ame commette quelque peché, & se perde.

La quatriéme, Le malin esprit acoutume de se transfigurer en Ange de lumiére, en s'accomodant d'abord aux bons desseins de l'ame, pour l'attirer incontinent aprés à ses méchantes intentions: car au commencement il fait semblant de suivre, & d'entretenir les bonnes & saintes pensées de l'homme, mais en suite il le jette peu à peu dans les pieges cachez de ses tromperies, où il l'y tient enlacé.

La cinquiéme, Il faut soigneusement, & avec grande application, examiner le commencement, le milieu, & la fin de nos pensées. Car si ces trois parties vont bien, c'est une preuve que le bon Ange nous les a suggerées: Mais si en discourant sur elles, il s'y presente, ou il s'en ensuit quelque chose qui soit mauvaise, ou qu' destourne du bien, ou qui porte à un moindre bien que n'est celuy que l'ame avoit auparavant resol

d'e

d'embrasser ; ou enfin qui donne de la peine, de la perplexité, & du trouble, en chassant la paix dont l'ame jouïssoit, ce sera une marque évidente que telle pensée vient du malin esprit, comme estant l'ennemy juré de nostre bien, & de nostre salut.

La sixiéme, Lors qu'il arrive qu'en quelque suggestion l'on reconnoist l'ennemy par sa queuë de serpent, c'est à dire par la mauvaise fin à laquel il tâche toujours de nous porter ; il est tres-utile alors de reprendre tout le discours, & de remarquer quel pretexte de bien il a pris dés le commencement, & comment il s'est efforcé de nous faire perdre insensiblement la douceur du goust spirituel, & le repos de l'ame, pour y faire couler son venin : afin que ses ruses estant découvertes par une telle experience, l'on s'en donne de garde plus aisément à l'advenir.

La septiéme, L'un & l'autre esprit s'insinuë fort differemment dans l'ame de ceux qui s'avancent dans la voye du salut. Car le bon s'y coule doucement, paisiblement, & suavement, comme une goutte d'eau dans une éponge : & le mauvais s'y precipite brusquement, rudement, violemment, & avec bruit, comme une grosse pluye qui tombe sur des pierres. Tout le contraire arrive à ceux qui vont tous les jours de mal en pis : & cette diversité vient de la disposition de l'ame, selon qu'elle est semblable, ou dissemblable à chacun de ces esprits. Car si l'un ou l'autre la trouve contraire à son dessein, il se joint a elle avec un bruit, & une impetuosité que l'on apperçoit ayfément : mais s'il la rencontre conforme à son inclination, il y entre paisi-

blement,

blement, comme dans une maison qui luy appartient, & qui luy est ouverte.

La huitiéme, Encore qu'il ne puisse y avoir de tromperie dans la consolation, toutes les fois que nous en joüissons sans qu'il en ayt precedé aucun sujet, à cause qu'elle vient de Dieu, comme il a esté dit plus haut, nous devons neantmoins distinguer avec attention, & avec soin, le temps présent de la consolation, d'avec celuy qui la suit immediatement, dans lequel l'ame est encore embrasée, & se ressent des restes de la faveur divine qu'elle vient de recevoir. Car il arrive souvent que dans ce dernier temps, soit par habitude, par discours, & par jugement propre; soit par l'instigation du bon, ou du mauvais esprit, nous ayons quelquels sentimens; où nous prenions quelques resolutions, qui ne procedant pas de Dieu immediatement, ont besoin d'une subtile discussion avant que nous y donnions nostre consentement, ou que nous les mettions en pratique.

Quelques Régles qu'il faut garder en la distribution des aumosnes.

LA premiere, Si l'on a volonté de donner quelque chose aux parens, ou aux amis, pour lesquels on sent plus d'inclination, il faudra prendr garde aux quatre régles que nous avons rapportée en partie, lors que nous ayons traitté des elctions.

La premiere est, donc, Que l'affection que j'ay pour ces sortes de personnes, vienne directement de l'amour de Dieu ; lequel amour je dois ressentir en moy, comme la racine, & la cause de toute l'affection que j'ay pour tous mes parens & alliez: & je dois faire en sorte que ce soit la principale raison qui se fasse paroistre dans l'affaire présente.

La Seconde, Que je considere, si quelqu'autre à qui je souhaiterois un mesme estat ou degré de perfection qu'à moy, me consultoit sur cette affaire, qu'elle façon luy prescrirois-je pour faire son ausmosne ? il est juste que je me serve de la mesme.

La troisiéme, Que je pense, si je devois mourir tout maintenant, que vondrois-je avoir fait en cette occasion particuliere ? Je me resoudray à le faire présentement.

La quatriéme, Que je considere semblablement, ce que j'aymerois mieux qui se fust passé sur cecy au jour du jugement ? Car c'est ce que je prefereray maintenant sans aucunement douter.

La cinquiéme, Que toutes les fois que je sens mon affection pancher davantage vers les personnes qui me sont attachées par un lien humain, je pése soigneusement les quatre regles susdites, & que j'examine mon affection sur elles, sans penser aucunement à l'aumosne ou distribution que j'ay à faire, jusqu'à ce que j'aye esloigné de mon esprit tout ce qui n'est pas bien droit.

La sixiéme, Quoy que les biens dédiez au culte divin, & à l'usage de l'Eglise, puissent estre pris sans peché, pour estre distribuez par celuy qui est appellé à

R 2

ce ministere ; neantmoins parce que plusieurs font scrupule de s'en trop reserver dans la part qu'ils assignent pour leur propre dépense, il est expedient qu'ils disposent l'estat de leur vie suivant les régles precedentes.

La septiéme, Pour les raisons qu'on vient de dire, & pour quantité d'autres, en l'administration des choses qui regardent sa propre personne, sa condition, sa maison, sa famille, le meilleur, & le plus seur pour celuy qui prend le soin de partager son bien, est d'en retrancher à ses commoditez le plus qu'il peut, & de se conformer parfaitement au modelle de nostre Seigneur Jesus-Christ, qui est le Souverain Pontife : Veu mesme qu'au troisiéme Concile de Carthage, où S. Augustin assista, il fut ordonné que les meubles de l'Evesque devoient estre de vil prix, & pauvres. Et il faut observer cela en tout estat & condition de vie, ayant égard neantmoins à la qualité des personnes, & de leurs estats. Dequoy S. Joachim, & sainte Anne, ont montré l'éxemple dans le mariage ; car ils divisoient chaque année leur revenu en trois parties, dont ils en donnoient une aux pauvres, l'autre ils la consacroient au service du temple, & du culte de Dieu, & ils reservoient la troisiéme pour leurs necessitez.

Certaines choses dignes de remarque, pour connoitre les scrupules que le diable jette dans l'ame.

LA premiere, On a coutume d'appeller scrupule, lors que par le mouvement & par le jugement
propre

propre du libre arbitre, nous concluons que quelque chose est peché, quoy qu'elle ne le soit pas ; comme si qu'elqu'un prenant garde qu'il a marché en passant sur de la paille formée en Croix, se persuade qu'il a peché. Or cela ne doit pas estre nommé scrupule à proprement parler, mais plutost jugement erroné.

La seconde, On doit appeller proprement scrupule, toutes les fois qu'aprés avoir marché sur cette sorte de Croix ; ou qu'aprés une pensée, une parole, ou une action, il nous survient comme de dehors quelque soupçon que nous y avons péché ; & quoy que d'autre part nostre esprit nous dise que nous n'y avons point offensé, nous ne laissons pas pourtant de sentir quelque doute, & quelque trouble dans l'ame, qui certainement vient du diable.

La troisiéme, Il faut absolument avoir en horreur la premiere sorte de scrupule [appellée ainsi improprement] comme estant pleine d'erreur : mais la seconde [au moins pour quelque temps] n'ayde pas peu une ame qui s'applique aux choses spirituelles ; lors principalement qu'il n'y a pas long-temps qu'elle a commencé de mieux vivre ; parce qu'elle la purge grandement, & la retire de tout ce qui a quelque apparence de peché ; suivant le dire de Saint Gregoire, que c'est le propre des bonnes ames de trouver du peché, où il n'y en a point.

La quatriéme, L'ennemy a coutume d'observer soigneusement, quelle est la conscience de chacun, si elle est grossiere, ou si elle est délicate. Et s'il en trouve quelqu'une qui soit délicate, il s'efforce de la rendre

dre encore plus délicate, & de la réduire au dernier point de la perplexité, afin que l'ayant ainsi miserablement troublée, il luy fasse renoncer à son profit spirituel. Par exemple, s'il a connu une ame qui ne consente à aucun peché, ny mortel ny veniel; & mesme qui ne puisse pas souffrir [pour parler ainsi] l'ombre du peché veniel; parce qu'il ne peut la tenter d'aucune chose qui soit un veritable peché, s'il estudie à luy persuader qu'un autre est peché, qui ne l'est pas; comme seroit quelque parole, ou quelque pensée soudaine. Au contraire s'il trouve une ame, ou une conscience désja grossiére, il tâche de la rendre encore plus grossiére, afin que négligeant d'abord les pechez veniels, elle commence de ne se gueres soucier aussi des mortels; & d'y prendre moins garde plus elle ira en avant.

La cinquiéme, Afin que l'ame puisse s'avancer en la vie spirituelle, il luy est necessaire d'aller au contraire de la partie où l'ennemy s'efforce de l'attirer; comme s'il tasche d'eslargir sa conscience, elle doit la retrécir; & s'il veut la retrécir, elle doit l'eslargir; car il arrivera ainsi qu'en évitant le danger de deux extrémitez, elle demeurera au milieu en repos, & en asseurance.

La sixiéme, Toutes les fois que quelqu'un voulant dire, ou faire une chose qui ne répugne point à l'usage de l'Eglise, ny au sentiment de nos anciens, & q tend à la gloire de Dieu, il luy vient d'ailleurs une pensée qui le destourne de la dire, ou de la faire, sel qu'il avoit resolu, de peur d'en tirer de la vanité,

de Saint Ignace. 263

de commettre quelqu'autre mal apparent; alors il doit eslever son esprit à Dieu, & s'il luy semble que telle parole ou action est à la gloire de Dieu, ou du moins ne luy est pas contraire, qu'il aille droit contre cette pensée, & qu'il réponde avec S. Bernard à l'ennemy qui l'importune ; Ce n'est pas pour toy que j'ay commencé, ce n'est pas aussi pour toy que je finiray.

Quelques Regles, qu'il faut garder, afin que nous ayons les veritables sentimens de l'Eglise Ortodoxe.

LA premiere, Ayant renoncé à tout jugement propre, il faut tenir son esprit toujours prest & prompt à obeïr à la veritable Espouse de IESUS-CHRIST, & notre sainte Mere, qui est l'Eglise, Orthodoxe, Catholique, & Hierarchique.

La Seconde, Il est à propos de loüer la Confession des péchez, que l'on a coutume de faire au Prestre ; & la réception de la sainte Eucharistie, qui se fait au moins une fois l'an, quoy qu'il soit plus loüable de recevoir le Sacrement tous les huit jours, ou pour le moins une fois chaque mois, en y observant les conditions necessaires.

La troisiéme, Recommander aux fidelles de JESUS-CHRIST, qu'ils entendent souvent, & avec dévotion le sacrifice de la Messe : Semblablement les chants Ecclesiastiques, les Pseaumes & les longues prieres que l'on récite dans les Eglises, ou dehors. Approuver aussi les temps désignez pour les autres prieres, telles que sont les heures que nous appellons Canoniales.

R 4   La

La quatriéme, Loüer grandement les Estats de Religion, & préferer le célibat & la virginité au mariage.

La cinquiéme, Approuver les vœux que les Religieux font, de garder la Chasteté, la Pauvreté, & l'Obeïssance perpetuelle, avec les autres œuvres de perfection & de surerogation. Où il faut remarquer en passant, que la nature du vœu appartenant aux choses qui conduisent à la perfection de la vie Chrestienne; on ne doit point faire vœu des autres choses, qui destournent plûtost de la perfection, comme du trafic, & du mariage.

La sixiéme, Loüer outre cela les Reliques, la véneration, & l'invocation des Saints, les Stations, les pelerinages de dévotion, les Indulgences, les Jubilez, les cierges que l'on a coutume d'allumer dans les Eglises, & semblables choses dont nostre pieté, & notre dévotion est aidée.

La Septiéme, Tesmoigner par ses paroles qu'on estime l'usage des abstinences & des jeusnes, comme du Caresme, des Quater-temps, des Vigiles, du Vendredy, du Samedy, & des autres qu'on entreprend par devotion. De plus, les afflictions volontaires de soy-mesme, que nous nommons pénitences; & non seulement les intérieures, mais encore les exterieures.

La huitiéme, Davantage loüer les entreprises de bâtir des Eglises, & de les fournir d'ornemens; & les images, comme meritant avec justice d'estre honorées, à cause de ce qu'elles répresentent.

La neufiéme, Bien loin de combattre en quelque façon que ce soit les Commandemens de l'Eglise, les
establir

de Saint Ignace. 265

establir tous fortement, & les défendre promptement par toutes sortes de raisons, contre ceux qui les attaqueroient.

La dixiéme, Approuver d'abondant avec grand soin, les decrets, les mandements, les traditions, les coutumes, & les mœurs des Prélats & Superieurs. Car quoy que l'on ne trouve point par tout la Sainteté de vie qui devroit y estre; neanmoins si quelqu'un les blasme, soit dans un sermon public, ou dans une conversation familiere, il apporte plutost du dommage & du scandale, que du remede & du profit; parce qu'il ne s'ensuit de la autre chose, que de l'aigreur, & des murmures du peuple, contre leurs Princes & leurs Pasteurs. C'est pourquoy il faut s'abstenir de ces invectives. Mais comme il est dommageable de descrier, & de deschirer devant le peuple les personnes d'autorité en leur absence; de mesme il est fort bon d'advertir en particulier ceux qui peuvent remedier au mal, s'ils le veulent faire.

L'onziéme, Faire grand estat de la Doctrine sacrée, tant de celle qu'on nomme Positive, que de celle qui est appellée Scholastique. Car comme le but des Saints Docteurs anciens, Hierosme, Augustin, Gregoire, & autres semblables, a esté d'émouvoir les ames à embrasser l'amour & le culte de Dieu: De mesme le dessein particulier des S. Thomas & S. Bonavent. du Maistre des Sentences & des Theologiens modernes, est d'enseigner avec plus d'éxactitude, & de décider les dogmes necessaires au salut, comme il a esté plus convenable à leur temps, & de ceux qui viendroient

apres

apres eux, afin de réfuter les erreurs des heretiques. Car ces Docteurs ayant paru après les autres, n'ont pas eu seulement l'intelligence de la S. Escriture, & ont esté aydez des escrits des anciens Auteurs; mais encore avec l'influence de la lumiere divine, il se sont heureusement servis pour nostre salut, des Ordonnances des Conciles, des Decrets, & de plusieurs autres Constitutions de la S. Eglise.

La douziéme, La comparaison des hommes qui vivent encore sur la terre [quoy que d'ailleurs ils meritent d'estre loüez] avec les Saints, & les Bien-heureux, est blasmable, & doit estre évitée. Comme de dire, celuy-cy est plus docte que S. Augustin ; celuy-là est un autre S. François : il est égal en Sainteté à Saint Paul, ou il ne luy est pas inferieur en quelque vertu ; &c.

La treiziéme, Enfin pour estre entiérement d'accord & conforme avec l'Eglise Catholique, s'il arrive qu'elle définisse qu'une chose est noire, laquelle paroist à nos yeux estre blanche, nous devons juger aussi qu'elle est noire. Parce qu'il faut croire sans en douter aucunement, que l'esprit de Notre Seigneur JESUS-CHRIST, & celuy de son épouse l'Eglise Orthodoxe, est un mesme esprit, par lequel nous sommes dirigez au salut : Et que le Dieu qui donna autrefois les préceptes du decalogue, n'est point autre que celuy qui instruit, & qui gouverne maintenant l'Eglise Hiérarchique.

La quatorziéme, On doit aussi prendre garde, qu'encore qu'il soit tres-vray que personne n'arrive au salut,

lut, s'il n'eſt prédeſtiné : neanmoins il faut parler de cette matiére avec beaucoup de circonſpection, de peur qu'en donnant trop d'eſtenduë à la grace ou predeſtination de Dieu, nous ne ſemblions vouloir exclure les forces du libre arbitre, & le merite des bonnes œuvres : ou qu'au contraire en donnant trop au libre-arbitre & au merite des bonnes œuvres, nous ne dérogions à la grace, & à la prédeſtination de Dieu.

La quinziéme, Pour une raiſon ſemblable, il faut s'abſtenir de parler ſouvent de la prédeſtination : & ſi le diſcours y oblige, on le doit entreprendre avec un tempérament ſi juſte, que l'on ne donne point ſujet au peuple qui l'entend, d'errer en ce point, & de dire, ſi l'arreſt de mon ſalut ou de ma damnation eſt déſja porté, quoy que je faſſe bien ou mal, il n'en pourra arriver autrement. D'où il s'enſuit que pluſieurs negligent les bonnes œuvres, & les autres aydes du ſalut.

La Seiziéme, Il arrive aſſez ordinairement, que le peuple prend occaſion des loüanges exceſſives, & des recommandations que l'on fait de la foy, ſans y adjouſter aucune diſtinction, ny explication, de s'endormir dans l'exercice des bonnes œuvres qui précedent la foy, ou qui la ſuivent aprés qu'elle a eſté animée de la charité.

La dix-ſeptiéme, Il ne faut pas non plus tellement relever & preſſer la force de la grace de Dieu dans les predications, que de là il ſe puiſſe gliſſer dans l'eſprit des auditeurs une erreur mortelle, qui les porte à nier la liberté du franc-arbitre. Il eſt donc permis, Dieu l'inſpirant ainſi, de parler au long de la grace, mais au-
tan

tant que cela contribüe à sa plus grande gloire, & d'une maniere convenable principalement à des temps fort dangereux, comme sont les nostres, de peur qu'on n'anéantisse l'usage du libre arbitre, & l'efficace des bonnes œuvres.

La dix-huitiéme, Encore qu'il soit tres-loüable, & tres-utile de servir Dieu par pure charité, neanmoins il faut grandement recommander la crainte de la Majesté divine ; & non seulement la crainte qu'on apelle filiale, qui est tres-pieuse & tres-sainte ; mais aussi l'autre qu'on nomme servile ; parce qu'elle est fort utile à l'homme, & souvent necessaire afin que nous nous efforcions de sortir promptement du peché mortel, lors qu'il arrive que nous y tombons. Or nous exemptant & nous esloignant du peché mortel, nous montons plus facilement à cette crainte filiale, qui est entiérement agreable à Dieu, & qui nous donne & conserve son amour.

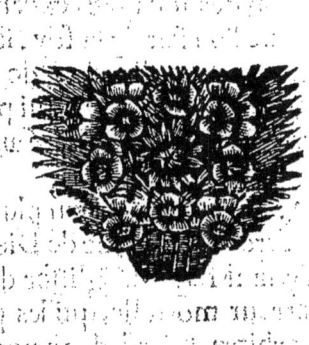

TA-

TABLE
DES CHOSES CONTENUES
DANS LES EXERCICES
DE S. IGNACE.

Vne d'approbation des Exercices Spirituels de S. Ignace de
Loyola, donnée par Paul III. pag. 7
Advis sur les Approbations suivantes. 13
Pour la premiere Version. ibid.
Pour la seconde Version. 14
Bulle d'Alexandre Pape VII. 17
Oraison, a la tres-sainte humanité de nostre Seigneur IESUS-CHRIST, par laquelle Saint Ignace se sert par-fois dans les Colloques de ses Meditations. 19
La mesme Oraison en François. ibid.
Brieve Instruction pour Mediter deüement, tirée de plusieurs endroits des Exercices de S. Ignace. 21
Practique pour mediter. 25
Practique d'appliquer les sens. 29
Quelques Remarques qui apportent de l'éclaircissement aux Exercices Spirituels suivans, afin que celuy qui les doit donner, & celuy qui les doit recevoir puissent estre aidez. 31
Quelques Exercices Spirituels, qui conduisent l'homme à se vaincre soy-mesme, & à prendre une sorte de vie, exempte de toute les affections dereglées. 41

LA PREMIERE SEMAINE.

LE Principe, ou le Fondement. 43
Examen particulier, & de chaque jour, Comprenant trois temps propres pour le bon propos, & pour les deux reveües. 45
Quatre Additions utiles pour déraciner plus aisément, & plus prompte-
mtne

TABLE

ment quelque vice que ce soit. 46
Examen General de la Conscience, Tres utile pour la purgation de l'ame
  & pour la Confession des pechez. 49
De la Pensée. ibid.
De la Parole. 50
De l'Oeuvre. 53
La maniere de l'Examen General de la Conscience, comprenant cinq
  parties ou Points. 54
L'usage de la Confession generale, & de la Comunion. 55

LE PREMIER EXERCICE.

Pour Mediter par les trois facultez de l'ame sur trois sortes de pechez,
il contient une Oraison préparatoire, deux Preludes, trois Points, &
un Colloque. 57

LE SECOND EXERCICE.

Est une Meditation des pechez, Laquelle outre l'Oraison Préparatoire,
& les deux Preludes, comprend cinq articles ou Points, avec un Colloque à la fin. 63

LE TROISIE'ME EXERCICE.

Ne sera autre que la Répétition des deux premiers, avec trois Colloques. 66

LE QUATRIE'ME EXERCICE.

Se fait de la repetition du troisiéme. 67
Meditation des dommages qu'apporte le peché mortel. 69
L'Exercice de la mort, l'Oraison Preparatoire, à l'accoustumée. 73
Exercice du Iugement. 77

L

DES EXERCICES.

LE CINQUIÉME EXERCICE,

Est une Contemplation de l'Enfer, Laquelle outre l'Oraison Préparatoire, & les deux Préludes, comprend cinq Points, & un Colloque. 81
Meditation de l'Enfant prodigue. 85
Additions pour mieux faire les Exercices, & qui sont fort utiles pour obtenir ce que l'on y desire. 87
De plus il faut remarquer ces quatres choses. 91

LA SECONDE SEMAINE.

Contemplation du Royaume de Jesus-Christ, par la ressemblance d'un Roy de la terre, qui appelle ses sujets à la guerre. 95
La premier Meditation du premier jour, de l'Incarnation de Iesus-Christ. 101
La seconde Contemplation de la Nativité. 105
La troisiéme Contemplation, est la répétition des deux précédentes. 106
La quatriéme, est une reprise de la répétition qu'on a faite. 107
La cinquiéme, est l'application des sens sur les susdites. ibid.
Cinq Remarques. 108
Les Meditations du second Iour. 110
Du Troisiéme Iour. 111
Prelude sur la consideration des Estats ou genres de vie differens. ibid.
Le quatriéme jour, la Meditation des deux Etandars. 115
Meditation du mesme quatriéme jour, des trois Classes ou differences d'hommes, afin que nous embrassions le meilleur party. 121
Meditations du cinquiéme jour. 123
Du sixiéme, jusqu'au douziéme. ibid.
Trois Remarques. 124
Les trois degrez ou manieres d'humilité. 127
Prelude pour faire l'Election. 128
Introduction a la connoissance des choses qu'on doit eslire. 129
De trois sortes de temps plus propres pour bien faire les Elections. 131

La

TABLE

La premier maniere de faire une sainte & bonne Election. 133
La seconde façon de bien eslire. 134
De l'amendement, ou reformation que chacun doit faire en l'estat de sa vie. 135

LA TROISIE'ME SEMAINE.

La premiere Contenplation est du dernier souper de Jesus-Christ. 139.
La seconde, est des choses que Jesus-Christ a faites aprés le souper, & dans le Iardin. 143
Quatre Remarques. 144
Meditations pour le second jour. 145
Pour le troisiéme, jusqu'au septiéme jour. 146
Quelques regles pour bien moderer le vivre. 148

LA QVATRIE'ME SEMAINE.

Premiere Contemplation de la Resurrection. 153
Quelques Remarques. 154
Contemplation pour exciter en nous l'amour Spirituel. 159
Les trois manieres de prier. 162
La premiere. ibid.
La seconde. 165
La troisiéme. 167

DES EXERCICES LES MYSTERES DE LA VIE DE NOSTRE SEIGNEVR IESVS-CHRIST.

Deux Remarques. 171
De l'Annonciation. 173
De la Visitation. 175
De la Nativité. 177
Des Pasteurs. ibid.
De la Circoncision. 179
Des trois Roys. 181
De la Purification & de la Presentation. 183
De la fuite en Egypte. 185
Du Retour d'Egypte. ibid.
De la vie de nostre Seigneur, depuis la douziéme année de son âge jusqu'à la trentiéme. 187
De la montée au Temple à l'âge de douze ans. 188
Du Baptesme de Iesus-Christ. 191
De la tentation de Iesus-Christ. 193
De la Vocation des Apostres. 195
Du premier miracle de Jesus-Christ fait aux Nopces. 197
Des Negotians chassez du Temple la premiere fois. 198
Du Sermon de Iesus-Christ sur la Montagne. 201
De la tempeste de la Mer appaisée. 202
Du marcher sur les eaux. 205
Des Apostres envoyez prescher. ibid.
De la Conversion de la Magdeleine. 206
De cinq mille hommes rassasiez. 207
De la Transfiguration. 208

De la résurrection de Lazare. 209
Du soupé en Bethanie. 211
Du jour des Rameaux. 213
De la Prédication de Iesus-Christ dans le Temple. ibid.
Du dernier souper. 215
Des Mysteres qui se passerent apres le souper, & dans le Iardin. 217
De la prise de Iesus-Christ & de sa conduite à la maison d'Anne. 218
Des choses qui se passerent ensuite dans la maison de Caïphe. 221
De l'accusation de Iesus-Christ chez Pilate. 222
Du renvoy de Iesus-Christ à Herode. 223
Du retour à Pilate de chez Herode. 224
De la condamnation & du crucifiment de Iesus-Christ. 227
Des Mysteres qui se passerent à la Croix. 229
Du Mystere de la Sepulture. 231
De la Resurrection de Iesus-Christ, & de sa premiere apparition. 233
De la seconde apparition. 235
De la troisiéme. 236
De la quatriéme. 237
De la cinquiéme & sixiéme. 239
De la septiéme & huitiéme. 241
De la neufiéme, dixiéme, & l'onziéme. 242
De la douziéme & treiziéme. 243
De l'Ascension de Iesus-Christ. 245
Contemplation du Paradis. 247
Quelques Regles pour discerner les mouvemens de l'ame. 250
Autres Regles utiles pour avoir un plus entier discernement des esprits, 255
Quelques Regles qu'il faut garder en la distribution des aumosnes. 258
Certaines choses dignes de remarque, pour connoistre les scrupules que le diable jette dans l'ame. 260
Quelques Regles qu'il faut garder, afin que nous ayons les veritables sentimens de l'Eglise Orthodoxe. 26

FIN.

FACVLTAS.

EGo infrascriptus Societatis JESU per Flandro-Belgium Præpositus Provincialis, potestate ad hoc mihi factâ à P. N.ro Joanne Paulo Oliva ejusdem Societatis Præposito Generali, facultatem do *Michaëli Cnobhaert* Typographo Antverpiensi imprimendi Latinè, Gallicè & Flandricè Exercitia Spiritualia S. P. N. Ignatij Loyolæ imaginibus illustrata. In quorum fidem hasce manu propriâ subscriptas, consueto officij mei sigillo muniendas curavi. Antverpiæ 11ma. Octobris. 1672.

Laurentius van Schoone.

PRIVILEGE DV ROY.

CHARLES II. Roy Catholique d'Espagne, & des Indes, Prince tres-puissant des Pays-bas, a donné Privilege à *Michel Cnobbaert*, Imprimeur & Marchand Libraire, d'Imprimer & vendre luy seul, un Livre intitulé, *Les Exercices Spirituels, de Saint Ignace de Loyola, Fondateur de la Compagnie de* JESUS: *Traduits du Latin en François, par un Pere de la mesme Compagnie*: Defendant à tous Libraires & Imprimeurs de le contrefaire, ou estant ailleurs Imprimé le vendre ou distribuer sans consentement dudit *Cnobbaert*, s'il ne veulent encourir l'amende plus amplement specifiez aux Lettres Patentes. Donné à Bruxelles le 18. Octobre 1672.

Signé

LOYENS.

www.ingramcontent.com/pod-product-compliance
Lightning Source LLC
Chambersburg PA
CBHW070543160426
43199CB00014B/2357